ENTRÉE DE LOUIS XIII A LA ROCHELLE

(1ᵉʳ Novembre 1628)

Le Monarque est reçu à l'Église Sainte-Marguerite par Henry D'Escoubleau
de Sourdis, Archevêque de Bordeaux.

(D'après le tableau original. — Voir page 25.)

Aux Bienfaiteurs et aux Amis

Des Écoles Chrétiennes de La Rochelle.

NOTICE HISTORIQUE

SUR LE SANCTUAIRE DE

SAINTE-MARGUERITE

A LA ROCHELLE

(Ancienne Chapelle des Oratoriens et des Frères)

Par l'abbé Stanislas BRAUD

Curé d'Écoyeux.

PRIX : **75** CENTIMES.

Se vend chez les principaux Libraires de la ville, au profit des nouvelles Écoles libres.

LA ROCHELLE

Imp. P. Dubois et L. Mehaignery, rue Chef-de-Ville

1881

AVANT-PROPOS.

Cette *Notice historique* avait été préparée au lendemain de la décision du Conseil municipal, du 25 octobre 1880, qui, en frappant les Écoles chrétiennes des Frères, menaçait du même coup leur sanctuaire de Sainte-Marguerite. Elle avait pour but d'appuyer les revendications légitimes des catholiques et d'épargner à cette église une destination profane. Ils ont eu la douleur de voir méconnaître les souvenirs et les traditions si respectables qui s'attachent à ce lieu saint, et au mois de septembre dernier, durant plusieurs semaines, un pénible spectacle est venu attrister leurs regards.

Cette chapelle Sainte-Marguerite, qui fut pendant sept siècles l'asile de la prière ; qui, sous la domination protestante, resta longtemps le dernier abri de la liberté religieuse ; qui redevint, après le siège mémorable de 1628, le second berceau de la foi à La Rochelle ; cette antique chapelle où se succédèrent les Filles de saint Norbert, les religieux de l'Oratoire, les lévites du sanctuaire et, en dernier lieu, tant de générations d'enfants, allait rester fermée aux fidèles, comme un tombeau froid et silencieux. Avec quelle douleur nous avons vu les chariots emporter l'un après l'autre tous les objets du culte : ces tableaux qui ornaient les murailles, ces orgues qui se mêlaient aux voix fraîches du premier âge ; l'image de la sainte patronne ; les crucifix, les statues ; ces autels si chers à nos anciens prêtres ; cette Table sainte où s'agenouillèrent tant d'enfants et de jeunes gens ; cette chaire sacrée qui vit se grouper depuis 40 ans des auditoires si sympathiques ; enfin le tabernacle du Dieu vivant, banni de sa propre maison !

Devant ce complet dépouillement, que pouvaient les âmes chrétiennes, sinon s'attrister et faire entendre de légitimes doléances ? Notre humble écrit sera l'écho de leurs regrets. Dans ces pages auxquelles le *Bulletin religieux* du diocèse a déjà prêté son hospitalité (1), nous avons cherché à réveiller les principaux souvenirs qui se rattachent au sanctuaire de Sainte-Marguerite et le rendent vénérable entre tous à la piété rochelaise. Afin de donner à cet écrit les garanties d'exactitude que le lecteur a le droit d'exiger, nous avons voulu consulter non-seulement les diverses histoires du pays, mais encore les documents originaux, que nous nous faisons un devoir de citer à l'appui.

Nous acquittons une dette de reconnaissance en dédiant cette Notice aux bienfaiteurs et aux amis des Écoles chrétiennes. Sans se laisser décourager, ils ont uni leurs sacrifices et leurs efforts, sous l'ardente impulsion de leur Évêque, pour fonder rapidement trois nouvelles Écoles libres en différents quartiers de La Rochelle. Honneur à leur zèle généreux ! Le succès est venu couronner leur entreprise et justifier leurs espérances ; il servira sans doute à les consoler des regrets qu'inspire la perte de la maison de l'Oratoire et de la chapelle Sainte-Marguerite, peut-être aussi à leur présager des jours meilleurs dans un prochain avenir.

Ce 9 Octobre 1881, jour de la Bénédiction solennelle de la nouvelle École Notre-Dame.

Stanislas BRAUD, *curé d'Écoyeux*.

---

(1) Voir les numéros 13, 14, 15 et 16, année 1881.

NOTICE HISTORIQUE

SUR LE SANCTUAIRE DE

SAINTE-MARGUERITE

A LA ROCHELLE.

I

Depuis sa fondation par les Chanoinesses de Prémontré.

(1137 à 1568)

La chapelle actuelle Sainte-Marguerite doit sa première fondation aux Chanoinesses de Prémontré, et son nom à l'illustre vierge martyrisée à Antioche, dont le culte avait acquis en Occident une grande célébrité à l'époque des Croisades (1). La création de

---

(1) Sainte Marguerite fut instruite dans la religion chrétienne par sa nourrice. Son père, qui était prêtre des idoles, voulut la contraindre à abjurer la foi, qu'elle avait embrassée à son insu ; mais ne pouvant en venir à bout, il la dénonça lui-même comme chrétienne. Marguerite ayant persévéré dans la confession de J.-C. en présence du juge, ce magistrat lui fit subir de cruelles tortures et la condamna à la décapitation. Elle fut exécutée vers l'an 275, sur la fin de la persécution de l'empereur Aurélien. On croit que son corps se garde à Montefiascone en Toscane. L'Eglise célèbre la fête de la vierge martyre le 20 juillet. (Migne : *Dictionnaire d'Hagiographie*).

ce couvent des Filles de saint Norbert se confond presque avec nos origines rochelaises. C'était un démembrement de l'abbaye de *Lieu-Dieu-en-Jard*, située sur la côte déserte du Bas-Poitou (1).

Un Chapitre général de l'Ordre des Prémontrés, tenu en 1137, avait ordonné d'établir les couvents de femmes à distance des monastères d'hommes, dont elles n'étaient souvent séparées que par de hautes murailles de clôture. C'est vers cette époque, ou peut-être un peu plus tard, lorsque Richard Cœur-de-Lion fit reconstruire l'abbaye de *Lieu-Dieu-en-Jard* (1145), que les Filles de saint Norbert vinrent se fixer à La Rochelle (2).

Le peuple, à cause de leur costume qui était une grande tunique de laine blanche, les appelait *Sœurs blanches*. Au milieu des agitations religieuses soulevées de 1562 à 1568, cédant aux malheurs des temps, elles changèrent la couleur de leur costume et, durant quelques années, elles portèrent le nom de *Sœurs noires* (3).

Leur pauvre monastère, dont l'extérieur n'avait rien qui pût offusquer les zélateurs de la Réforme, et dont

---

(1) Mss. de la bibl. rochel. 3169.

(2) Cette riche abbaye fut fondée sous l'invocation de la sainte Vierge, non loin de la mer, à 6 lieues de Luçon, à 3 lieues des Sables et sur la paroisse de Jard. Détruite par les protestants durant les guerres de religion, elle fut ensuite rétablie et subsista jusqu'au dernier siècle. *(Dictionn. des abbayes, ap.* MIGNE. — *Gallia christ.*, t. II, col. 1445).

(3) ARCÈRE, t. II, p. 491.

l'intérieur n'offrait aucun appât à leurs convoitises, demeura seul debout, tandis que les autres tombaient sous les coups redoublés de la populace furieuse et de ses instigateurs.

L'humble chapelle Sainte-Marguerite devait être le refuge des catholiques, leur port de salut après le naufrage.

II

Destruction des églises et des couvents de La Rochelle. — Sainte-Marguerite, seule épargnée, reçoit la visite de l'Évêque de Saintes. — (1568 à 1585).

Ce serait sans doute un beau thème à développer que la généreuse résistance des catholiques rochelais à l'invasion de l'hérésie protestante.

Avant de subir le joug du protestantisme, La Rochelle a eu ses martyrs : vingt-sept prêtres qui furent précipités sur les rochers, au pied de la tour de la Lanterne (1). La confiscation des biens, la prison, l'exil, la mort même, rien ne fut épargné pour ébranler la constance des fidèles pendant ces mauvais jours. Dans le sénat municipal, composé de cent *pairs*, une imposante minorité de quarante-quatre membres soutint vaillamment la cause de la foi (2).

Mais le récit de ces luttes énergiques nous entraî-

---

(1) Chronique de Langon. — La Popelinière.
(2) Mss. de la bibl. roch., n° 2046, p. 25.

nerait dans de trop longs développements. Laissons au protestantisme ses soixante années de triomphe et de domination à La Rochelle ; laissons-lui ses assemblées générales et particulières, ses synodes provinciaux, ses consistoires. Que ses ministres, ses anciens, ses députés du Corps-de-Ville et des provinces tiennent leurs délibérations et traitent à leur gré des intérêts de leur cause. Quant à la religion catholique, pendant plus de trente ans (du mois de janvier 1568 au mois d'août 1599), c'est-à-dire depuis la destruction des couvents et des églises jusqu'à l'Edit de Nantes, elle sera réduite à ne vivre à La Rochelle que dans l'ombre et à la dérobée, au milieu des ruines.

C'est en 1562, le 31 mai, que commencèrent les troubles. Au sortir de leur première cène publique, les calvinistes firent irruption dans les églises, brisant les images des saints, profanant les reliques, et pillant les objets sacrés (1). Ce n'était que le prélude de nouveaux sacrilèges.

En 1568, la fureur de ces iconoclastes modernes s'attaque aux voûtes et aux murailles. Les cinq églises paroissiales et les chapelles des monastères d'hommes et de femmes furent détruites de fond en comble, et les pierres servirent, hélas ! à former autour de la ville cette formidable ceinture de remparts et de bastions qui devait donner à l'hérésie son plus sûr boulevard (2).

Peu après le 3ᵉ édit de pacification (en 1571), le

---

(1) AMOS BARBOT. — Ph. VINCENT.
(2) LA POPELINIÈRE. — ARCÈRE.

maréchal de Cossé fut envoyé à La Rochelle, avec la mission difficile de calmer les esprits. Son premier soin fut de rétablir la messe à Sainte-Marguerite, dont les protestants s'étaient emparés pour y faire leur prêche. Le surlendemain de son arrivée, douze catholiques et quinze huguenots s'engagèrent au nom de leurs coreligionnaires, par un serment solennel, à vivre désormais en *bonne paix et intelligence* (1).

Jusqu'à la Saint-Barthélemy (24 août 1572), une ombre de tolérance permit aux catholiques l'exercice de leur culte dans l'intérieur de la petite chapelle Sainte-Marguerite. Mais à la nouvelle des *Matines de Paris,* ce reste de liberté leur fut même enlevé. La proscription complète du culte catholique dura jusqu'au 16 septembre 1576; et trois années durent s'écouler encore, avant qu'on pût célébrer les saints mystères dans l'enceinte étroite de la même chapelle, échappée comme miraculeusement au désastre.

En 1575 et 1579, il ne se trouvait à La Rochelle qu'un seul religieux venu d'une province voisine pour prêcher en cet oratoire l'Avent et le Carême. En revanche, on y comptait, après 1572, cinquante-cinq ministres protestants, tous étrangers, à l'exception d'un seul, originaire de la ville. C'est en l'année 1579 que les catholiques de toutes les paroisses de La Rochelle se réunissent pour acheter de la dernière des religieuses de Prémontré le couvent et la chapelle Sainte-Margue-

---

(1) Mss. de la bibl. roch., 3168, p. 10.

rite (1). Là du moins, pendant les cinq années suivantes, ils pourront respirer plus à l'aise.

Ce fut cette chrétienté renaissante que l'évêque de Saintes, Nicolas le Cornu de la Courbe de Brée, vint visiter en 1581. Qu'on ne demande pas aux annales de la ville, quelquefois remplies de minutieux détails, qu'elles nous conservent le souvenir de cette visite épiscopale. Non, il n'en sera pas fait mention. Quelques mots jetés au hasard sur un registre de Fabrique, c'est le seul indice qui nous reste de cette preuve de sollicitude pastorale (2).

III

Le culte catholique est interdit a La Rochelle.

(1585 à 1599)

En 1585, la Ligue catholique entreprend partout contre le protestantisme une réaction puissante, à laquelle le Consistoire rochelais répond par de nouvelles mesures de rigueur. Durant quatorze années entières les sacrements de l'Eglise romaine ne pourront être administrés qu'en secret.

Pour satisfaire leur dévotion et assister aux saints mystères, les catholiques ne craignent pas d'aller au loin, jusqu'aux églises de la Jarrie, de Bourgneuf, d'Esnandes (3).

---

(1) Mss de la bibl., 3169, p. 31.
(2) Id., p. 32.
(3) Id., p. 58.

En 1592, ils obtiennent pourtant la faveur de faire relever à leurs frais les ruines de l'église de Saint-Pierre de Laleu où le culte fut toléré.

Pendant ces mauvais jours, l'église Sainte-Marguerite était transformée en lieu de prêche par les hérétiques. Ils y tinrent même en 1597 un synode, durant lequel un de leurs ministres tomba frappé d'apoplexie foudroyante. Mais le moment n'était pas éloigné où, en vertu du célèbre Edit de Nantes, les catholiques allaient rentrer en possession de leur vénéré sanctuaire.

IV

Edit de Nantes (1598). — Rétablissement du culte
a Sainte-Marguerite (1599 à 1604).

L'Edit de Nantes fut généralement reçu par les protestants comme une faveur signalée : il leur donnait, en effet, une existence légale. A La Rochelle toutefois, l'exécution de cet édit rencontra de leur part de vives oppositions. Mais le Roi tint ferme dans la circonstance, ainsi que nous l'apprend l'extrait suivant :

« *Henri IV sachant, par certaines expériences,*
» *que la ville de La Rochelle importait d'un grand*
» *exemple envers tous en cette part (le rétablis-*
» *sement du divin service), ça été par icelle que*

» *Sa Majesté a voulu faire voir par exprès, quelle*
» *était sa volonté pour tous aultres* (1). »

Les commissaires envoyés par le Roi étaient Jehan de Baudéan de Parabère, capitaine de cinquante hommes d'armes, gouverneur des ville et château de Niort, lieutenant général au gouvernement de Poitou, et maistre Martin Langlois, sieur de Beaurepaire, conseiller du roi, ci-devant prévôt des marchands de la ville de Paris.

Ils firent leur entrée à La Rochelle le 25ᵉ de juillet. Leurs négociations, conduites avec prudence et fermeté, écartèrent les difficultés soulevées tour-à-tour et par le Corps-de-Ville et par le Consistoire.

Accompagnés du maire et de plusieurs notables catholiques, ils commencèrent par visiter les lieux où étaient autrefois les églises ; leur procès-verbal nous dira authentiquement ce qu'il en restait. En suivant leurs pas, ne croirait-on pas suivre les traces de Néhémie, qui parcourt en pleurant les ruines de Jérusalem ?... — Voici, dans sa douloureuse simplicité, ce rapport écrit sur les lieux : « Il nous est apparu que
» l'église Notre-Dame de Cougnes laquelle soullait
» (*solebat*) estre joignant la porte de Cougnes, et sur
» la closture d'icelle ville, est en présent entièrement
» ruynée, et la place enclose dedans les bastions et
» remparts, en sorte qu'il n'en reste aulcun vestige.
» Pareillement nous avons recogneu l'église de

---

(1) Le *Rétablissement de la Messe* à La Rochelle par Révér. évêque de Saintes.

» Saint-Nicolas estre entièrement ruynée, sans qu'il
» paroisse de fondements, et est la plus grande partie
» d'icelle, ensemble du cimetière, enclos en la forti-
» fication. — Nous avons semblablement veu et visité
» les lieux où soulloit estre l'église de Saint-Sauveur,
» de laquelle ne reste ni bastiments ni fondements,
» sinon le clochier que les maire et eschevins ont
» fait recouvrir pour y conserver une cloche et un
» orloge, lequel clochier pour estre éminent et proche
» le port sert à la garde d'icelle ville.

» En après, avons veu et visité les lieux et place où
» soullait estre l'église parrochiale de Saint-Jehan du
» Perroc, que nous avons recogneu entièrement
» ruynée, réservée partie du clochier jusque environ
» le deuxième étage qui sert à présent de magasin à
» poudres. Nous avons aussy veu et visité les lieux
» où soullait estre l'église parrochiale de Saint-Barthé-
» lemy ruynée et ne reste sinon quelques murailles du
» clochier, sans couverture, ni planchier; joignant
» lequel il y a quelques ruines de murailles; comme
» aussy au chef de l'église reste partie d'une muraille
» contenant environ six toises de long sur deux toises
» d'élévation. — Près de ce lieu il y a une petite cha-
» pelle de Sainte-Anne, laquelle est en nature, et
» contient de six à sept toises de long, près des ruines
» du chasteau, et joignant le rempart; en laquelle ledit
» sieur maire nous a dit avoir quelques poudres et
» munitions, et que ladite chapelle n'a titulaire ni
» servi au public; il nous plaise la laisser en l'état
» qu'elle est.

» Et après nous sommes fait montrer les lieux et

» places sur lesquels les couvents étaient construits.
» En premier lieu le couvent des Cordeliers, joignant
» lequel est le collége. Pareillement la place où soullait
» être le couvent des Carmes, celui des Augustins,
» celui des Dominicains. Tous ces emplacements sont
» couverts de maisons construites en vertu de baux
» qui ont été faits par lesdits sieurs de la ville, ou par
» les religieux réduits à arrenter leurs terrains dans
» l'espérance de racheter plus tard.
» Restait le lieu appelé *Sainte-Marguerite*, soullait
» y avoir anciennement un couvent de Moniales, lequel
» lieu les catholiques ont dit leur appartenir, et que
» ci-devant l'ont acheté des dites religieuses moniales
» pour y faire le divin service, où il a été célébré
» depuis l'an 1577 jusqu'à la reprise des armes en 1585.
» Ils nous ont requis ce lieu leur être restitué. —
» (Procès-verb. des Commissaires (1). »

Après mille chicanes et oppositions soulevées par le Consistoire, les commissaires royaux adoptèrent les conclusions des catholiques, et le Maire, à bout d'expédients, se décida enfin, le 4 août 1599, à faire publier à son de trompe et cri public l'édit du Roi, « *avec défense de méfaire et médire aux gens* » *d'église, sous peine de la vie.* »

Malgré cette menace, lorsque vint pour les *religionnaires* le moment d'évacuer l'église Sainte-Marguerite, la populace, de dépit, brisa les vitres et les bancs, et renversa les galeries. Depuis longtemps il était

---

(1) Mss. abbé Cholet. J., p. 143.

dans les habitudes des catholiques de ne rentrer qu'au milieu des ruines ; les sages du parti désavouèrent en public cette effervescence du bas peuple et durent se résigner.

« *Partant, la messe fut chantée à Sainte-Margue-rite et le prédicateur papistique y sermonna.* » Ainsi s'exprime, en résumant la lutte des partis, le pasteur protestant Merlin, contemporain du fait, un des hommes les plus influents de la ville et l'historiographe de cette époque.

C'était le jour de la Transfiguration (6 août 1599) (1), jour de gloire pour le Christ, jour de joie et d'espérance pour les catholiques rochelais.

Le lendemain, on érigea un autel provisoire sur les ruines de l'église Saint-Barthélemy, et le révérendissime Evêque, entouré de son troupeau transporté d'allégresse, y célébra la messe pontificale.

Quel tableau ! un évêque offrant le saint sacrifice au milieu des ruines de cette église où, pendant plus de 300 ans, s'était faite avec l'auguste appareil de la religion catholique l'élection des maires de La Rochelle ; de cette église dont Charles VII s'était déclaré patron et fondateur en reconnaissance des succès de Jeanne d'Arc ; de cette église où avaient prié Eléonore d'Aquitaine ; le père, le frère et le fils de saint Louis ; Louis XI et Charles de Guyenne, son frère ; François Ier et Charles IX !

Le dimanche suivant et le jour de l'Assomption, les

---

(1) ARCÈRE, Hist. de La Rochelle, t. II, p. 492.

saints offices se succédèrent en grande pompe à Sainte-Marguerite. « Les dévotions du peuple ne furent
» moindres en semaine, y estant chacun animé d'une
» grande ferveur. Mesmement pour la nouveauté,
» plusieurs qui n'y avaient pas beaucoup d'affection
» auparavant s'y rangèrent. Il y avait grande quantité
» de monde pieux et dévôt, rendant grâces à Dieu
» d'une joie incroyable de se voir à un jour si heureux
» d'une solennité si longtemps attendue, ce qui n'estait
» presque plus espéré. Il y avait plus de 5,000 per-
» sonnes, tous bons catholiques (1). »

Pendant ces fêtes, il y eut plusieurs processions aux ruines de Saint-Barthélemy. « L'évêque de Saintes
» tonsura et confirma. Depuis 31 ans, La Rochelle
» n'avait assisté à pareille fête (2). »

V

Jacques Gastaud établit les Prêtres de l'Oratoire a l'église restaurée de Sainte-Marguerite (1604 à 1628).

Depuis la publication de l'Edit de Nantes jusqu'à l'entrée triomphale du roi Louis XIII à La Rochelle (1628), c'est-à-dire pendant près de vingt-neuf ans, deux faits dominent toute l'histoire religieuse de la ville. C'est comme la seconde période de ses mauvais jours. Les protestants, obligés de subir l'exis-

---

(1) Le rétablissement de la Messe.
(2) *Ibid.*

tence du catholicisme, s'en dédommagent par mille avanies et par des tracasseries quotidiennes. Les catholiques, par exemple, veulent faire la procession du dimanche des Rameaux, le maire s'y oppose ; des religieux se hasardent à traverser la ville avec leur habit monastique, ils sont hués et frappés ; un notable prend leur défense, il est emprisonné. On essaie de relever les ruines de l'église Saint-Barthélemy, des ouvriers soudoyés par le maire détruisent durant la nuit l'ouvrage fait pendant le jour (1). Voilà une faible idée de leur situation précaire.

Jusqu'en 1605 ils ne cessent d'être en butte à des vexations de tout genre, et pour comble de malheur, la persécution, l'exil, la mort leur ont enlevé ces prêtres qui pouvaient être leur appui et leur consolation.

Il fallait, pour relever les courages, la présence d'un homme de Dieu, en qui le zèle sacerdotal s'unît à la prudence. Mgr de La Courbe, évêque de Saintes, ému de la détresse des catholiques rochelais, jeta les yeux sur Jacques Gastaud, docteur en théologie, prieur-curé de Surgères, dont le savoir et la vertu étaient déjà appréciés de plusieurs, et le proposa pour cette mission, dans une lettre du 13 décembre 1604.

Le choix épiscopal fut agréé avec empressement et reconnaissance, et l'on peut dire que Dieu avait suscité en la personne de Jacques Gastaud un homme selon son cœur pour rétablir et faire prospérer la religion catholique dans la ville de La Rochelle.

---

(1) ARCÈRE, Hist. de La Roch., t. II, p. 498.

Appelé à Paris, au sujet des intérêts religieux de son troupeau, quelques mois après son installation, le digne ecclésiastique se trouva être l'un des six premiers compagnons du pieux Cardinal de Bérulle quand celui-ci, alors simple prêtre, fondait la congrégation de l'Oratoire. Par l'inspiration et sous la direction de Jacques Gastaud, les cinq paroisses de la ville se réunissent en une sorte de collège et mettent en commun les débris de leurs anciens revenus. Les catholiques n'ayant plus qu'une seule église debout, Sainte-Marguerite, il était sage en effet qu'ils eussent un même centre et que leurs intérêts ne fussent pas divisés. Du reste, cette unité les rendra plus forts. L'évêque de Saintes approuve les règlements, et les trois membres survivants de la Collégiale de Saint-Jean-dehors obtiennent de se joindre à ce nouveau Chapitre. Tous ces prêtres sont incorporés à la congrégation naissante de l'Oratoire. La tâche difficile de l'administration spirituelle de La Rochelle incombe tout entière aux fervents religieux et leur restera confiée jusqu'à la Révolution de 1793, du moins pour ce qui concerne les trois principales paroisses : Saint-Barthélemy, Notre-Dame et Saint-Sauveur.

Jacques Gastaud, comme prieur de l'île d'Aix et curé de Saint-Barthélemy, occupe le sommet de ce nouvel édifice bâti sur tant de ruines. Avec une admirable prudence et un zèle infatigable, il répand partout la vérité et la vie : il multiplie ses dévoués coopérateurs; il fortifie dans la foi son cher troupeau ; il rehausse l'éclat du culte; il agrandit l'enceinte de l'église Sainte-Marguerite, et l'embellit grâce à des dons volontaires et aux souscriptions des fidèles (1). C'est ainsi qu'on y élève un clocher, qu'on y consacre deux autres autels, qu'on y ajoute des orgues et un chœur de musique, etc. Aussitôt après la mort de Henri IV, le zélé pasteur se rend à Paris, voulant mettre à profit pour les catholiques rochelais les dispositions bienveillantes du nouveau règne, et il obtient de l'assemblée du Clergé de France d'être déchargé des subsides levés sur les biens ecclésiastiques, pour qu'il en fasse application à l'entretien d'une école créée par lui, et aux réparations de son église. Voici le texte qui en fait foi :

« Veu par messieurs les Prélats treuvés en ceste
» ville de Paris et Chambre des députés généraux
» du clergé de France, la requête présentée par les
» Recteur et Curés des cinq églises parochiales de
» La Rochelle, tendante à ce que pour les causes y
» contenues il pleuxt aux dits sieurs, comme chose
» grandement nécessaire pour l'avancement de la
» Religion catholique, pour la voir incontinent fleurir
» en la ditte ville, ordonner quelque somme de deniers
» pour l'entretennement d'un précepteur ordinaire qui

---

(1) Le principal tableau qui vint orner les murailles de l'église, *la Nativité de N.-S.*, était dû, comme on le sait, au pinceau du célèbre Eustache Le Sueur. Il fut commandé expressément par les Pères de l'Oratoire de La Rochelle, ainsi que le constate un récépissé du prix convenu.

A l'époque de la Révolution, ce chef-d'œuvre fut relégué dans un grenier, d'où on l'exhuma plus tard, lors de la réouverture des églises, pour en orner la chapelle de l'hôpital Saint-Louis. Il y fait encore l'admiration des visiteurs.

» ne fit autre chose que vaquer à l'instruction de la
» jeunesse et d'un prédicateur extraordinaire pour la
» consolation des catholiques et *réduction des*
» *dévoyés,* et faire pour une fois quelque charitable
» libéralité pour ayder à parachever l'église Sainte-
» Marguerite en laquelle seule ils peuvent faire le
» divin service et l'administration des saints sacre-
» ments. Eu égard à la condition, au peu de revenus,
» aux debtes des dits suppliants, les dits sieurs prélats
» et Chambre du clergé ont ordonné et ordonnent
» que des deniers qui seront levés et sont destinés
» pour les ministres convertis, M. François de Castille,
» receveur général dudit clergé, fournira et paiera la
» somme de *douze cents livres* pour estre employée à
» l'entretennement d'un prédicateur extraordinaire,
» d'un homme docte qui travaille continuellement à
» l'instruction de la jeunesse, lise le catéchisme et
» enseigne tout ce qui est nécessaire au salut, et ce,
» jusqu'à la prochaine assemblée générale. Et cepen-
» dant afin de leur donner moyen parachever ladite
» église Sainte-Marguerite, surce année est accordée
» aux dits suppliants du paiement de leurs décimes
» ordinaires jusqu'à ce qu'autrement en ait été
» ordonné par la ditte Assemblée générale. Faict à
» Paris, en l'hôtel de Mgr illustrissime cardinal de
» Joyeuse, l'an 1611 et le 26e jour de febvrier (1) ».

Le 6 août 1614, l'évêque de Saintes vient à La Rochelle, et c'est avec une grande joie et une bien

---

(1) Mss. de la bibl. rochel., n° 3169, p. 62.

douce consolation qu'il y constate tous ces progrès de la religion véritable. Le vénéré prélat officie pontificalement à Sainte-Marguerite et y installe d'une façon solennelle et officielle la congrégation de l'Oratoire qui a si bien mérité des catholiques rochelais.

Malgré tout, l'existence de la Religion était encore bien précaire dans cette ville. Ainsi, le 21 mai 1621, les Oratoriens (ce qui veut dire à cette époque tout le clergé de la ville) furent chassés par une émeute. Voici le fait :

L'assemblée générale des protestants siégeait en souveraine; les ministres et un certain nombre de *francs bourgeoys* résolurent d'expulser de la ville ces religieux. Ils parlaient même de les brûler dans leur église, ou de les précipiter du haut des murailles. Le maire réussit à les calmer un peu en leur faisant comprendre que de tels actes susciteraient de terribles représailles contre leurs coreligionnaires dans les lieux où ceux-ci se trouveraient les plus faibles, et il se chargea lui-même de faire sortir les Oratoriens de La Rochelle. Mais pendant qu'il délibérait avec le supérieur sur les moyens de les soustraire à l'exaltation populaire, un nombreux attroupement s'était formé devant la maison de Sainte-Marguerite, et bientôt cette foule se mit à vociférer et à pousser de menaçantes clameurs. En vain le maire cherche-t-il à disperser cette populace furieuse, son autorité est méconnue. Il s'avise alors d'intimer aux religieux l'ordre de ne pas sortir jusqu'au lendemain, sous peine demort. Rassurée par cette feinte défense, la foule se disipe, et profitant du moment où chacun est à dîner, le maire accourt chez les Oratoriens avec une quarantaine d'hommes armés, fait sortir en toute hâte les malheureux prêtres par la porte Neuve qu'il fait fermer derrière eux, et les conduit jusqu'au *Port-Neuf* où il les fait embarquer pour Brouage sur un bâtiment préparé à cet effet (1).

En novembre 1623, Louis XIII envoya dans notre ville les commissaires Du Chastelier-Barbot et Bourdigale. Ils écrivirent à Jacques Gastaud, qui s'occupait de fonder à Niort une maison de son Ordre, d'avoir à convoquer les ecclésiastiques que l'orage avait dispersés. L'évêque de Saintes lui écrivit aussi : « J'espère me trouver à La Rochelle, si ma santé me » le permet, pour réconcilier votre église. » Et en effet, le 18 janvier 1624, Michel-Raoul de la Guibourgère, conduit par le maire et revêtu de ses habits pontificaux, se rendit à Sainte-Marguerite. Il y chanta la messe et prononça un discours de circonstance. On fit ensuite une procession aux ruines de Saint-Barthélemy (2).

Mais l'hérésie ne voyait qu'en frémissant ces triomphes momentanés du catholicisme. En 1625, il y eut de nouveaux troubles et le culte fut encore interrompu.

Thoiras, qui allait s'illustrer par son héroïque défense de l'île de Ré, força les Rochelais d'ouvrir les portes de Sainte-Marguerite au mois de mars 1626.

---

(1) Le bannissement des prêtres de l'Oratoire. — COLIN.
(2) Reg. des délib. du Corps-de-Ville.

Ce ne devait être que pour un peu plus d'un an. Car le soir de la fête patronale de l'église Sainte-Marguerite (20 juillet 1627), la flotte anglaise parut en rade de l'île de Ré. Ce fut le dernier signal. La révolte éclata. Prêtres et fidèles durent s'expatrier d'une ville où ils n'étaient plus en sûreté (1).

Que de persécutions ! Enfin, quinze mois après ce dernier acte d'intolérance du protestantisme, les catholiques rentreront à La Rochelle, à la suite d'un roi victorieux, et désormais les augustes cérémonies du culte pourront s'y déployer sans entraves jusqu'à la Révolution.

VI

Entrée triomphale de Louis XIII a La Rochelle (1628). — La Commémoration des Trépassés. — La Procession du Saint-Sacrement.

Le 1er novembre 1628, jour de l'entrée de Louis XIII, fut la fin du rôle politique du protestantisme en France, le terme de sa domination à La Rochelle, et le commencement d'une ère nouvelle pour le catholicisme dans cette ville.

Vingt ans plus tard, la cité hérétique sera le siège d'un évêché !...

Cette journée du 1er novembre est trop glorieuse et trop importante pour n'en pas raconter les principaux épisodes.

---

(1) Mém. de la Maison de l'Oratoire.

L'entrée royale qui eut lieu le mercredi, coïncidait avec une de nos grandes solennités religieuses, la fête de la Toussaint.

A la joie d'un succès politique qui ouvrait au roi les portes d'une ville rebelle, venait se mêler la pensée du triomphe de la cause catholique, si heureusement servie par cet événement.

Entrer dans La Rochelle sous les glorieux auspices de l'Eglise triomphante, devait être, pour un prince aussi religieux que Louis XIII, pour la noblesse et l'armée du roi très-chrétien, un nouveau sujet d'allégresse, capable d'embellir encore une victoire achetée par un sacrifice de quarante millions, un siège de treize mois et de gigantesques travaux.

De grand matin, Henri d'Escoubleau de Sourdis (1), évêque de Maillezais, nommé à l'archevêché de Bordeaux, réconcilia l'église Sainte-Marguerite, parce que le canon des assiégeants y avait fait quelques victimes. L'évêque de Saintes (2), retenu par ses infirmités plus encore que par son grand âge, n'avait pu

---

(1) Henri d'Escoubleau de Sourdis, né en 1593, n'était âgé que de 22 ans lorsqu'il fut désigné par Louis XIII pour le siège épiscopal de Maillezais, vacant par la mort de son oncle. Il fut sacré à Paris le 19 mars 1623 par le cardinal de Sourdis, archevêque de Bordeaux, son frère aîné dont il était appelé à recueillir l'héritage cinq ans plus tard. Ami particulier du cardinal Richelieu, ce prélat avait suivi Louis XIII au siège de La Rochelle, où il eut l'intendance de l'artillerie et la direction des vivres. Il est décédé le 12 juin 1645, à l'âge de 61 ans. (FISQUET: *La France pontificale : Métropole de Bordeaux.*)

(2) Michel-Raoul de la Guibourgère (1618-1630).

venir accomplir lui-même cette cérémonie qui lui revenait de droit, comme à l'évêque diocésain.

Pendant cette matinée, un mouvement extraordinaire se faisait remarquer. Dans la ville, les religieux des différents Ordres, proscrits depuis 60 ans, arborant la croix si longtemps exilée, et portant les reliques des saints, parcouraient les rues au chant du *Te Deum*.

Sur les 9 heures, le cardinal Richelieu vint à Sainte-Marguerite pour y célébrer la messe *le premier* (1).

Il y avait bien quelque droit, lui dont l'habileté politique et la fermeté avaient soutenu tout le poids de ce long siège, et l'avaient si heureusement conduit. Sa dignité de cardinal et de prince de l'Eglise romaine était un titre qui pouvait d'ailleurs suffire à défaut du précédent. Toute la cour s'était donné rendez-vous pour assister à cette messe. Le garde-des-sceaux, Michel de Marillac, le maréchal de Schomberg communièrent de la main du cardinal ainsi que grand nombre d'autres seigneurs. « *Toute la cour a communié de sa main avec grande dévotion,* » dit un témoin oculaire.

L'archevêque de Bordeaux, à qui revenait comme métropolitain une partie des honneurs de la journée, dit la seconde messe. Le marquis de la Valette, fils du

---

(1) On conserve encore à l'évêché de La Rochelle le calice richement ciselé qui aurait servi aux saints mystères en cette occasion. On y a transporté également, depuis quelques années, un ancien tableau représentant la réception du Roi par l'Archevêque de Bordeaux. Ce tableau, reproduit depuis par la lithographie, ornait l'église Sainte-Marguerite jusqu'au moment où le Grand-Séminaire quitta l'Oratoire.

vieux duc d'Epernon, le brave Thoiras et plusieurs autres seigneurs y assistèrent. Des religieux, des ecclésiastiques de distinction y célébrèrent aussi le saint sacrifice, jusqu'à une heure après midi. De ce nombre fut le célèbre Père Joseph, capucin, le confident et l'auxiliaire du cardinal Richelieu. Le biographe de ce religieux dit que sa joie fut si vive, qu'il ne put s'empêcher d'adresser quelques paroles à l'assistance, exhortant tout le monde « à rendre des actions de grâces à Dieu ! » Après lui, vint le Père Jousseaume, supérieur de l'Oratoire de La Rochelle, l'un de ceux qui avaient dû abandonner l'année précédente leur chère église de Sainte-Marguerite.

Jacques Gastaud (1), le premier supérieur de la Maison, ne vécut pas assez pour assister à ce triomphe. Il était mort à Niort le 6 juillet précédent, emportant avec lui la certitude de la reddition de La Rochelle, déjà réduite aux abois. Dieu n'avait pas attendu ce moment pour lui donner la récompense de ses vertus et de ses travaux.

Si Louis XIII eût été maître de suivre l'élan de sa dévotion, il fût venu se joindre à la foule pour entendre la messe du jour de la Toussaint à La Rochelle. Mais l'étiquette royale le retenant encore au

---

(1) Né à Niort vers le milieu du XVIe siècle, il était prieur-curé de Surgères, lorsque Nicolas de la Courbe de Brée, évêque de Saintes, lui confia la direction des intérêts religieux de la ville de La Rochelle en 1604, et depuis deux ans docteur en Sorbonne.

château de Laleu, il avait dû se contenter d'entendre la messe d'un de ses aumôniers.

Vers midi, Richelieu revint lui dire en courtisan habile « *qu'il avait été assez heureux de prier dans La Rochelle même* » pour la prospérité de Sa Majesté. Il venait en même temps pour l'y conduire, son entrée solennelle n'ayant pu avoir lieu que dans l'après-midi.

Louis XIII avait préféré la réception d'un prince débonnaire qui pardonne à celle d'un vainqueur qui punit des rebelles. La dignité et la clémence avaient seules réglé le cérémonial, d'où l'on avait écarté cet appareil de guerre qu'il eût été si aisé de prendre à la tête d'une armée victorieuse.

Le roi était monté sur un cheval blanc et revêtu de son armure ; le cardinal-ministre seul, aussi à cheval, précédait immédiatement Sa Majesté. La noblesse marchait près d'eux dans l'ordre des préséances. Le cortège arriva ainsi jusqu'à la porte de Cougnes, qui était la principale entrée de la ville.

« Cinquante des principaux habitants, dit un chroni-
» queur de l'époque, étaient sortis la porte et s'étaient
» jetés aux pieds du monarque qui leur dit : — Mes
» amis, criés grâce et vive le roy ! Ce qu'ils firent avec
» un grand ressentiment de douleur et de joye. Les
» eschevins et plus grands de la ville lui rendirent
« les mêmes soumissions que les premiers (1), et le

---

(1) Pendant ce temps-là, « tous les canons des forts, des
» navires et ceux de la ville se faisoient ouïr parmi un nombre
» infini de mousquetades. Il fut remarqué que voyant les pauvres
» habitants comme des *anatomies* et qui à peine avaient face

» roy les receut de mesme. Ils l'accompagnèrent ainsy
» par la ville, le peuple criant de tous côtés : Miséri-
» corde! Vive le roy! »

Le cortège se dirigea vers l'église Sainte-Marguerite. A l'entrée se tenait l'archevêque de Bordeaux, revêtu de ses habits pontificaux, assisté de tout le clergé, douze prêtres de l'Oratoire, les Capucins, les Récollets, les Dominicains, les Minimes, les Charitains et autres...

Selon l'usage, le prélat offrit au roi l'eau bénite et l'encens, puis lui adressa une courte harangue. Sa Majesté fut ensuite conduite à son siège préparé devant le grand autel, au chant de l'*Exaudiat*.

Un peu au-dessous du trône royal, était placé le cardinal Richelieu. L'archevêque, arrivé au pied de l'autel, entonna le *Te Deum*. Les décharges de l'artillerie se confondaient avec les chants sacrés, et ajoutaient leurs puissants effets à une scène si imposante par elle-même.

Le roi, ému jusqu'aux larmes, mêla sa voix à l'hymne de l'église, depuis le commencement jusqu'à la fin. Quand le *Te Deum* fut achevé, on chanta les vêpres de la Toussaint, après lesquelles l'archevêque de Bordeaux donna sa bénédiction. La cérémonie se

---

» d'hommes, le roy en eut pitié jusqu'à épandre des larmes. » (Mervault).

Les magistrats, qui étaient restés dans la ville, malgré la translation du présidial à Marans, vinrent se jeter aux pieds du roi pendant qu'il traversait une rue, et n'ayant pu obtenir de lui faire une harangue, se bornèrent à crier : *Vive le Roy, qui nous a fait grâce !...* (*Les remarq. partic.* — Mss. de la biblioth. rochel.).

termina par un sermon du P. Suffren, Jésuite, prédicateur ordinaire de Sa Majesté (1).

Le lendemain de ce beau jour, l'Eglise avait à célébrer la Commémoration des fidèles trépassés. Par une coïncidence qui fut alors remarquée, ces deux fêtes qui se suivent reposent sur deux dogmes que l'hérésie a combattus : *l'intercession des saints* et *la prière pour les morts*.

Les graves et tristes pensées du second jour apportèrent une trêve à l'exaltation bruyante de la veille. On songea à prier pour ceux qui étaient morts pendant le siège. Les chants plaintifs, les accents du *Requiem* et les messes avec ornements noirs se succédaient dans l'église Sainte-Marguerite. L'évêque de Mende qui avait dirigé les travaux de la fameuse digue et qui, en mourant au camp devant La Rochelle le 5 mars précédent, avait demandé à être enterré dans la ville, y reçut les honneurs de la sépulture (2).

Le vendredi 3 novembre, devait avoir lieu la procession solennelle du Saint-Sacrement. Cette cérémonie était regardée comme une prise de possession publique et authentique du catholicisme.

Depuis plus de soixante ans, la fête du *Sacre* n'avait pu être célébrée à La Rochelle, et on y portait le Viatique aux malades à la dérobée et sous le manteau. Cette procession prenait donc le caractère

---

(1) Le roi retourna ensuite à Laleu, mais auparavant il fit distribuer 10,000 pains aux habitants. (Mervault).

(2) Daniel de la Mothe du Plessis-Houdancourt (1625-1628).

d'une réparation éclatante ; aussi y déploya-t-on une pompe plus grande que pour l'entrée du roi de France.

« Les rues étaient ornées de tapisseries et choses
» plus précieuses des habitants, qui se prêtèrent
» admirablement à cette solennité ; les fenêtres étaient
» pleines de monde et surtout de Rochelais désireux
» de voir Sa Majesté duquel avaient tant redouté
» l'entrée. Ils le considéraient comme un bon ange
» gardien qui était venu les retirer du profond abyme
» de leur misère et d'entre les bras de la mort (1). »

La croix ouvrait la marche. Suivaient quatre-vingt-trois religieux de différents ordres (2), douze prêtres de l'Oratoire avec surplis et bonnet carré ; quelques chanoines de Saintes avec leurs aumusses. Deux rangs de pages, portant chacun un flambeau aux armes du roi, marchaient de chaque côté de cette longue file d'ecclésiastiques. Puis, venait le dais, sous lequel le Saint-Sacrement était porté par l'archevêque de Bordeaux, assisté de deux Abbés. Les cordons étaient tenus par le duc d'Angoulême et le duc d'Aletz, les maréchaux de Schomberg et de

---

(1) Mém. de Richelieu.

(2) Les Jacobins marchaient les premiers, en chantant les litanies de la Sainte-Vierge, et portant une grande bannière de taffetas blanc, sur laquelle était, d'un côté, un crucifix et l'image de Notre-Dame entourée d'un rosaire avec ces mots : *Gaude, Maria Virgo, cunctas hœreses sola interemisti in universo mundo* ; de l'autre, le nom de *Jésus*, et plus bas un calice surmonté d'une hostie lumineuse avec cette inscription : *Adora sacramenti dominici fragrantiam.* (*Journ.* de MERVAULT. — *Les remarq. particul.*)

Bassompierre. « Après, cheminait le roi, et après Sa
» Majesté marchait le cardinal Richelieu. Puis
» venaient les évêques, les seigneurs et toute la
» noblesse qui s'y trouva en grand nombre (1). »

La procession parcourut les principales rues de la ville. Elle avait commencé à sortir de Sainte-Marguerite à huit heures du matin, elle y rentra à onze heures, et l'archevêque de Bordeaux célébra la messe avec grande pompe (2). Le triomphe du roi et le triomphe de la Religion avaient eu chacun leur jour. Louis XIII se hâta d'en faire part à tous les souverains catholiques, en expédiant de La Rochelle divers courriers qu'il dépêcha entr'autres à S. S. le Pape Urbain VIII, à l'Empereur, au roi d'Espagne, aux ducs de Savoie et de Mantoue.

Le protestantisme avait produit ses fruits ; il appartenait au catholicisme de cicatriser tant de plaies, de relever paisiblement La Rochelle humiliée, et de lui faire reprendre enfin une place honorable dans l'unité nationale !...

VII

L'Oratoire de 1628 a 1792. — Le P. Jaillot et le P. Arcère.

Rentrés à la suite du roi, les Oratoriens s'empressèrent de réparer leur maison qui avait eu tant à

---

(1) Guillaudeau, annaliste.
(2) Cette procession continua de se faire tous les ans, jusqu'en 1789, en mémoire de la réduction de La Rochelle.

souffrir des troubles précédents, et avant tout leur chapelle de Sainte-Marguerite.

Grâce aux dons généreux du Monarque, on construisit les voûtes et on surhaussa le clocher.

Par une bulle du 7 octobre 1633, le Pape Urbain VIII, « voulant accroitre le salut des âmes
» par les trésors célestes de l'Eglise, mû par un pieux
» sentiment de charité envers tous les fidèles des
» deux sexes, vraiment pénitents, qui, après s'être
» confessés et avoir participé à la sainte communion,
» visiteront dévotement chaque année l'église parois-
» siale de Sainte-Marguerite de La Rochelle, et
» l'autel qui s'y trouve de la B. V. Marie, le jour de
» l'Assomption, et y élèveront vers Dieu de pieuses
» prières pour la concorde des princes chrétiens,
» l'extirpation de l'hérésie et l'exaltation de la sainte
» Eglise, leur accorde indulgence plénière et rémis-
» sion de leurs péchés (1). »

Cette faveur pontificale devait avoir une durée de sept années. Par une bulle du 7 novembre suivant, le même pontife attribua de nouvelles indulgences aux sept messes qui seraient dites chaque jour en faveur des morts à l'autel de la Sainte-Vierge, érigé dans ledit sanctuaire (2).

Durant plus d'un siècle et demi, la maison de l'Oratoire demeura l'asile respecté de la prière, de l'étude et de la prédication, fidèle à la devise apostolique

---

(1) Archives de l'Oratoire, 1 gros vol. Mss. bibl. roch.
(2) Ibid.

qu'on lit encore gravée au-dessus de la porte d'entrée : *Nos vero orationi et ministerio verbi instantes erimus.* (Act. Apost. VI. 4). Pour nous, la prière et le ministère de la parole seront notre occupation.

C'est au sein de cette communauté que les trois paroisses de Saint-Barthélemy, de Saint-Sauveur et de Notre-Dame continuèrent à trouver des pasteurs dévoués qui savaient allier au zèle pour le salut des âmes l'amour de la science, traditionnel parmi les Oratoriens (*).

Il ne sera pas hors de propos de remarquer ici qu'à côté de ces œuvres d'apostolat, l'Oratoire put encore s'appliquer à des travaux d'intérêt commun, destinés à rendre au pays un service important par le desséchement des marais. Un édit signé par Henri IV le 8 avril 1599 avait déjà donné une grande impulsion à ces entreprises ; mais il restait encore beaucoup à faire pour assainir la contrée et rendre leur valeur aux terrains submergés. Les Oratoriens, de concert avec un Syndicat de propriétaires, sous la présidence de M. Rougier, conseiller au Présidial, s'occupèrent activement de faire dessécher les marais de Villedoux et Saint-Ouen. L'entreprise, commencée en

---

(*) Les derniers furent MM. Mirlin, curé de Saint-Barthélemy, né en 1736 ; Jaucourt, curé de Notre-Dame, né en 1754 : l'un et l'autre émigrèrent en Angleterre, et reprirent la direction de leurs paroisses à l'époque du Concordat. Quant à l'autre, Pierre-Joseph Leroy, curé de Saint-Sauveur, il prêta le serment et disparut durant la Révolution.

l'année 1653, était à peu près achevée en 1656 (*). Un registre curieux, conservé dans les archives de la Société de ces marais, constate la somme qui y fut consacrée et la répartition des dépenses. Aujourd'hui, on le sait, ces marais, jadis inondés, sont devenus, grâce à une canalisation régulière, de belles prairies, des terres labourables, dont la richesse fait honneur en grande partie à l'initiative des Oratoriens de La Rochelle.

Le bourg de Villedoux leur serait également redevable de sa modeste chapelle qui porte la date de 1778 et qui, dans ces dernières années, a été érigée en chapelle *vicariale*.

Parmi les supérieurs qui se succédèrent à l'Oratoire, c'est un devoir pour nous de donner une mention toute spéciale à deux hommes à qui leurs travaux historiques, si appréciés encore de nos jours, ont conquis droit de cité à La Rochelle : nous voulons parler des Pères Jaillot et Arcère, dont la ville reconnaissante a donné les noms à deux rues voisines de l'Oratoire.

Né à Paris le 18 février 1690, le P. Jaillot (Claude-Hubert) était fils d'un célèbre géographe. Se sentant un goût particulier pour la retraite et l'étude, il choisit la congrégation de l'Oratoire, où il trouvait tous les moyens propres à seconder ses nobles penchants. Après avoir donné quelques années à l'enseignement, il se livra à la prédication où il eut des

---

(*) *Note sur les marais de Villedoux et Saint-Ouen,* par M. CALLOT (1877).

succès. Le P. Jaillot était clair et naturel dans ses instructions familières, méthodique dans ses sermons, et il n'ignorait point l'art de toucher dans la peinture des divers sentiments. Ses panégyriques brillent par la pureté et l'élégance du style.

« Rigide partisan de l'ordre, mais homme de bien sans faste, dit le Père Arcère, il faisait dans sa paroisse de Saint-Sauveur la guerre aux vices, et non aux hommes qui, étant plus faibles que méchants, méritent dans leur chute plus de commisération que de colère. »

Il fut prié par l'Académie de La Rochelle de rassembler quelques traits historiques, épars dans une foule d'ouvrages concernant la ville, afin de les publier ensuite sous forme d'*Éphémérides*.

Le comte de Matignon, alors gouverneur, ami du savant religieux, lui fit remarquer qu'il serait bien préférable de travailler à une histoire particulière de La Rochelle.

Cette idée plut au P. Jaillot qui, dès lors, s'entoura d'un grand nombre de livres et de manuscrits. Mais le temps lui manqua pour mettre à profit ces richesses historiques, accumulées pendant des années entières. L'excès du travail détruisit bientôt sa santé robuste, il mourut à 59 ans, le 31 juillet 1749, universellement regretté à La Rochelle, particulièrement des pauvres auxquels il prodiguait ses aumônes. On voit encore de nos jours dans l'église Saint-Sauveur la dalle funéraire qui couvre sa dépouille mortelle (*).

(*) RAINGUET : Biogr. saint.

Le P. Arcère (Louis-Étienne), que nous venons de nommer, né à Marseille le 15 avril 1698, vint à La Rochelle, à l'âge de 45 ans, en 1743, après avoir été professeur de philosophie à Condom.

Membre de l'Académie rochelaise depuis 1759, poète, littérateur et linguiste distingué, il était supérieur de la Maison de l'Oratoire, lorsqu'il entreprit d'écrire l'histoire de La Rochelle et du pays d'Aunis, sur les nombreux matériaux rassemblés de longue main par le P. Jaillot.

Cet ouvrage, en 2 volumes in-4°, se distingue par une correction et une précision historique des plus consciencieuses. La profondeur et la modération des jugements sont dignes de remarque. On peut dire que ce fut un beau monument élevé à la province d'Aunis qui, par un juste sentiment de gratitude, s'empressa de fournir une rente viagère à cet écrivain.

Le P. Arcère mourut à La Rochelle le 7 février 1782, dans un âge avancé, également regretté de la religion et de la science (*).

A cette longue période de tranquillité allait succéder pour les prêtres de l'Oratoire l'épreuve de la tourmente révolutionnaire, qui devait, hélas! les emporter avec toutes les institutions religieuses.

(*) Rainguet : Biogr. saint.

VIII

La chapelle Sainte-Marguerite profanée.
(1792 à 1811)

Le 20 octobre 1792, les officiers municipaux délégués par le directoire du district vinrent les expulser parce que, pour obéir à leur conscience, ils avaient refusé de prêter le serment schismatique. Tous avaient noblement préféré l'exil à l'apostasie, sauf un seul, Charles-Joseph Leroy, qui, pour prix de sa lâcheté, obtint de conserver sa cure de Saint-Sauveur. Il faillit même devenir évêque constitutionnel de la Charente-Inférieure, en concurrence d'Isaac-Étienne Robinet qui l'emporta par la grâce du suffrage populaire (*).

Durant les mauvais jours de la Révolution, nous voyons l'église Sainte-Marguerite honteusement profanée, convertie d'abord en club démagogique et devenue bientôt magasin à fourrages, voire même sous l'Empire l'écurie d'un régiment d'artillerie...

(*) Isaac-Etienne Robinet, né à Saint-Jean-d'Angély le 28 novembre 1731, était depuis 1777 curé de Saint-Savinien, lorsqu'il fut élu, le 28 février 1791, évêque de la Charente-Inférieure, au 3e tour de scrutin, par 212 voix sur 800 électeurs réunis dans l'église Cathédrale de Saint-Pierre de Saintes. Il fut sacré à Paris le 20 mars suivant, par l'évêque de l'Eure, Robert-Thomas Lindet, conventionnel et régicide, accompagné de l'évêque des Landes, Jean-Baptiste Saurine, et de celui de Loir-et-Cher, Henri Grégoire. Il mourut subitement dans sa propriété de Torxé (près de Tonnay-Boutonne) le 8 septembre 1797.

— 40 —

Il fallut attendre jusqu'en 1811 pour voir cesser un état de choses si douloureux aux cœurs catholiques.

« Le 14 janvier de cette année-là, le Conseil
» municipal accepte l'abandon en toute propriété,
» faite par le Gouvernement à la ville, des bâtiments
» militaires de La Rochelle, en sollicitant toutefois
» comme compensation des frais d'entretien, auquel
» la commune se trouvera désormais tenue, l'égal
» abandon de l'ancien couvent de l'Oratoire, pour en
» disposer à son gré, par vente ou autrement. » (1).

IX

L'Oratoire devenu Grand-Séminaire (1812 à 1838). — Le Vén. Baudouin, Mgr Perrocheau, M. Gaboreau, etc.

Par décret du 18 avril 1811, le vœu du Conseil municipal est sanctionné. En conséquence, dès le mois de juin, ladite maison de l'Oratoire, sur la demande du Préfet, fut louée au Département, au prix de 2,500 fr., pour y établir un séminaire. Plus tard, le 1er mars 1815, la ville vendit cet immeuble pour 45,000 fr. aux deux départements de la Charente-Inférieure et de la Vendée, qui le consacrèrent à un séminaire commun aux diocèses de La Rochelle et de Luçon (2).

---

(1) Regist. des délibérat. du Conseil municip. .
(2) Ibid.

La maison de l'Oratoire et la chapelle Sainte-Marguerite étaient enfin rendues à leur pieuse destination, et en devenant la pépinière du sacerdoce allaient revoir encore des jours consolants et féconds pour la religion. La Providence avait suscité pour le placer à la tête du nouveau séminaire un de ces prêtres vertueux, prudents et zélés qui, de toutes parts, s'appliquaient à réparer les ruines du sanctuaire. Qu'est-il besoin de nommer cet homme de Dieu dont la mémoire est toujours en bénédiction dans les deux diocèses de La Rochelle et de Luçon?(*) L'abbé Louis-Marie Baudouin avait eu l'heureuse pensée d'ouvrir dès 1802, à son arrivée de l'exil, un séminaire dans sa paroisse de Chavagnes-en-Paillers (Vendée).

Sous son habile direction, plus de 150 élèves se formaient à la science et aux vertus ecclésiastiques, quand un décret impérial du 15 novembre 1811 vint frapper comme un coup de foudre et disperser cet établissement. « Ainsi fut détruit le premier sémi-
» naire qui ait été formé en France depuis la restau-

(*) On sait que la cause du Vénérable Baudouin a été portée devant la Sacrée-Congrégation des Rites qui en a approuvé l'introduction par un décret du 2 septembre 1871, sanctionné le 7 du même mois par l'autorité du Souverain-Pontife. Depuis, le procès apostolique a continué son cours régulier et favorable, en nous laissant espérer qu'un jour nous pourrons saluer la glorification solennelle du Serviteur de Dieu *(Sa Vie,* t. II, p. 458).

» ration des autels » (*). Le digne prêtre, blessé dans ses plus chères affections, dut se résigner à voir ses élèves s'éloigner de leur berceau religieux et s'acheminer, les plus jeunes vers Saint-Jean-d'Angély, les plus âgés vers cette maison de l'Oratoire dont il allait devenir lui-même le premier supérieur.

L'un de ses soins les plus pressants fut d'approprier les bâtiments à leur nouvelle destination et de faire d'importants travaux, surtout à la chapelle qui avait été fort dégradée. Dès qu'elle fut dans un état décent, il y plaça le très-saint Sacrement et fit mettre au principal autel un pieux tableau qu'il avait apporté du séminaire de Chavagnes, et qui représentait la Vierge Immaculée, à laquelle le nouveau séminaire fut consacré comme l'avait été le premier. Au reste, le culte de la très-sainte Vierge ne cessa d'être un des caractères les plus saillants de la dévotion des jeunes séminaristes, et c'est à leur demande que la chapelle s'ouvrit aux fidèles pour célébrer les exercices du premier *Mois de Marie* qui ait été solennisé à La Rochelle. La paroisse Notre-Dame ne fit que suivre de près l'exemple donné par le sanctuaire de Sainte-Marguerite. La glorieuse martyre, dont la chapelle portait toujours le nom, y conserva un autel. Le zélé Supérieur eut soin d'engager ses séminaristes à implorer avec confiance la puissante intercession de cette illustre sainte, et avec l'autorisation de l'Ordi-

---

(*) Abbé DU TRESSAY : Hist. des moines et des évêques de Luçon, t. III, p. 567.

naire, il régla que tous les ans on célébrerait sa fête avec solennité, le 20 juillet.

Parmi les principaux collaborateurs de son œuvre, notre ancien clergé aime à se rappeler particulièrement MM. Perrocheau (1) et Gaboreau (2). Le premier, fils chéri du P. Baudouin et son auxiliaire dévoué, occupait la chaire de théologie, lorsque le Souverain-Pontife, instruit du désir qu'il avait de se consacrer aux missions étrangères, le nomma évêque de Maxula et coadjuteur du vicaire apostolique du Su-Tchuen en Chine. Le pieux missionnaire évangélisa cette province pendant 43 ans, gardant les vertus les plus austères au milieu de ses travaux apostoliques que devait couronner (6 mai 1861) la mort la plus édifiante à l'âge de 74 ans. Quelques mois après, dans cette chapelle Sainte-Marguerite qui avait vu si souvent prier au saint autel le futur apôtre, un service funèbre, en réunissant les associés de la Propagation de la Foi, fournissait à M. l'abbé Courcelle (3),

---

(1) Mgr Perrocheau, Jacques-Léonard, était né aux Sables-d'Olonne le 6 janvier 1787. Il reçut l'onction épiscopale le 1er février 1818 au séminaire des Missions étrangères, à Paris, des mains de Mgr de Bovet, ancien évêque de Sisteron. (Vie du R. P. Baudouin).

(2) M. Gaboreau, Pierre-Alexandre, né à Saint-Jean-d'Angély en 1792, avait été élève, puis professeur de rhétorique au séminaire de Chavagnes.

(3) M. Courcelle, François-Auguste, né à Saint-Jean-d'Angély le 9 mai 1804, mort vicaire général de La Rochelle, le 1er février 1864.

vicaire général, l'occasion de payer à sa mémoire un légitime tribut d'éloges.

M. l'abbé Gaboreau, qui succédait à M. Perrocheau dans sa charge de directeur au séminaire, devait bientôt s'attirer la même confiance de la part des maîtres et des élèves. Le P. Baudouin, qui lui portait déjà une tendre affection, écrivait peu de jours après sa nomination : « Actuellement, mon cher fils, vous avez le gouvernail ; je ne suis nullement inquiet : votre main adroite et forte conduira notre barque en sûreté. Ne craignez pas trop votre jeunesse, l'esprit de Dieu soufflera !!! » L'avenir se chargea de vérifier ces heureuses prévisions, et dans les charges importantes qu'il eut à remplir plus tard, soit comme supérieur du séminaire, soit comme vicaire général, M. Gaboreau ne cessa de conserver la haute estime qui s'était attachée dès le début à son mérite et à ses vertus. Il est décédé à La Rochelle le 21 juin 1857. Sa dépouille mortelle repose à la maison de campagne du séminaire, à Périgny, auprès des restes d'un autre prêtre éminent, M. l'abbé Mareschal, comme lui vicaire général et supérieur du grand séminaire.

Aux noms que nous venons de citer, il est juste d'ajouter celui de M. l'abbé Pallu du Parc, né à Poitiers le 3 septembre 1804, sacré évêque de Blois le 1er mai 1850, décédé le 31 mars 1877, qui partagea si activement les sollicitudes de M. l'abbé Gaboreau et recueillit plus tard son héritage de supérieur dans le nouveau séminaire. Ses vertus et ses talents le firent désigner en 1850 pour l'évêché de Blois. Sa consécration épiscopale eut lieu à la cathédrale de La Rochelle qu'il avait tant édifiée par sa tendre piété, comme l'un des membres de son Chapitre.

Durant la période critique des Cent Jours, le séminaire parut un instant menacé par les soldats de la garnison, et le P. Baudouin, soupçonné de correspondre avec les royalistes de la Vendée, se vit obligé de chercher un refuge momentané au couvent des Dames-Blanches dont il était aussi supérieur, et dans la maison de M. Moquay, rue des Merciers. Mais l'orage s'apaisa bientôt, et le calme des esprits lui permit de rentrer à l'Oratoire.

Vers cette même époque, le digne supérieur put offrir une généreuse hospitalité dans son séminaire à dix religieux trappistes qui regagnaient la France après un long exil en Espagne. Le séjour de quatre mois qu'ils firent à l'Oratoire édifia singulièrement les séminaristes par leur vie pieuse et austère et laissa parmi eux un profond souvenir.

En l'année 1821, la séparation définitive des diocèses de La Rochelle et de Luçon eut pour conséquence naturelle le départ des lévites vendéens. M. Baudouin, après avoir longtemps hésité, finit par céder aux instances de Mgr Soyer (*), le nouvel

---

(*) Mgr Soyer (René-François) naquit à Thouarcé (Anjou) le 5 septembre 1767. Il était vicaire général de Poitiers lorsqu'il fut nommé à l'évêché de Luçon, rétabli par le Concordat de 1817.

Par suite de graves oppositions survenues au sein du Corps législatif, relativement audit Concordat, le prélat ne fut sacré à Paris que le 21 octobre 1821. Il fit son entrée solennelle à Luçon le 10 novembre suivant, et mourut le 5 mai 1845.

évêque de Luçon, et aux conseils amis de Mgr Brumault de Beauregard, alors évêque de Montauban (1). Après avoir consacré son printemps, son été et son automne à ce cher diocèse de La Rochelle, il crut pouvoir passer, comme il le dit lui-même, *son noir hiver* dans le diocèse natal où il comptait tant d'affections et de souvenirs. Il offrit donc sa démission à Mgr Paillou, qui se résigna difficilement à se priver des services d'un prêtre aussi recommandable (2).

Cependant, des négociations avaient été ouvertes avec la ville pour offrir au séminaire un local plus vaste que l'Oratoire. L'ancien couvent des Capucins avec son enclos spacieux, isolé et voisin des remparts, fixa naturellement l'attention du prélat. Peu de jours avant sa mort, qui arriva le 15 décembre 1826, le vénérable vieillard eut la consolation d'apprendre la réalisation de ses désirs. Il était réservé à son successeur, Mgr Bernet, de voir commencer les travaux de construction, et à Mgr Villecourt de présider à l'achèvement de cet important édifice, dans le courant de l'année 1838.

A ce moment même, la ville qui construisait son nouveau lycée fut heureuse de trouver pour les étu-

---

(1) Ce prélat qui avait généreusement confessé la foi pendant la Révolution, n'étant encore que vicaire général de Mgr Marie-Charles-Isidore de Mercy, évêque de Luçon, est mort évêque démissionnaire d'Orléans, le 26 novembre 1841, à Poitiers, sa ville natale.

(2) Vie du R. P. Baudouin, t. I.

diants du collège communal un abri dans les bâtiments que venaient d'abandonner les élèves du sanctuaire. Cette situation provisoire devait durer jusqu'à l'année 1843.

Qu'allait devenir cette sainte maison de l'Oratoire avec ses glorieux souvenirs et ses pieuses traditions ? Après tant de vicissitudes, allait-elle subir encore une destination profane ? On pouvait le craindre, en présence des démarches diverses que suscitait ce dernier abandon. Par bonheur, la Providence veillait sur son sort et lui réservait, mais cette fois pour l'éducation des enfants du peuple, une destinée féconde jusqu'à nos jours. On comprend que nous voulons parler ici de l'Ecole chrétienne qui allait être transférée dans les bâtiments devenus libres. Ainsi se vérifiait la prédiction du Vén. Baudouin qui, interrogé sur l'avenir de cette maison, avait dit longtemps à l'avance : « Les bons Frères des Écoles chrétiennes » viendront un jour prendre ici notre place, et mes » filles (les religieuses de Chavagnes) auront un éta» blissement dans cette ville (*). »

(*) BRIAND : Hist. de l'Eglise santone, t. III, p. 224.

X

Depuis l'établissement des Frères jusqu'a nos jours. — M. Courcelle. — M. Cholet. — Le Frère Albéron.

L'œuvre des Frères n'était pas nouvelle pour les Rochelais. Déjà le 4 janvier 1819, sur l'initiative de Mgr Paillou (1), les fils du Vénérable de la Salle avaient installé leurs classes dans l'ancien couvent des religieuses Hospitalières de la rue Rambaud. Ils étaient alors au nombre de trois seulement, avec le Frère Stanislas de Kostka pour Directeur (2).

L'inauguration des Ecoles fut faite solennellement à la Cathédrale, où l'évêque célébra la sainte messe en présence du Chapitre, du clergé de la ville et des principales autorités, avec un grand concours de fidèles. Un discours de circonstance fut prononcé par M. l'abbé Fillonneau, l'un des vicaires généraux, et la bénédiction du saint Sacrement vint couronner dignement cette fête de famille. Les bons Frères et leurs élèves furent ensuite reconduits processionnellement à leur maison, au chant des hymnes et des cantiques. Dès le 11 juin suivant, le Conseil municipal

---

(1) Mgr Gabriel-Laurent Paillou, né au Puybelliard (diocèse de Luçon) le 7 mars 1735, sacré à Paris évêque de La Rochelle par le pape Pie VII le 2 février 1805, décédé le 15 décembre 1826, à l'âge de 92 ans.

(2) Nommé depuis aux fonctions de Visiteur dans l'Institut, pour la province d'Orient, ce digne religieux revenait d'Alexandrie, lorsqu'à son passage dans l'île de Malte il mourut soudainement, à l'âge de 58 ans.

vota en faveur des nouveaux maîtres de la jeunesse une somme de 1,500 francs, et celle de 500 francs pour prix de loyer du local qu'ils occupaient.

« En 1827, les Frères faisaient connaître aux
» magistrats municipaux que le nombre de leurs
» élèves allant toujours croissant, le local qu'ils
» habitaient était devenu insuffisant, et ils deman-
» daient qu'il leur en fût accordé un autre plus
» spacieux. Le maire en communiquant cette pétition
» au Conseil, dans une séance du mois de juillet,
» annonça que le local du Champ-de-Foire avec ses
» dépendances devant revenir à l'Hospice général le
» 1er janvier 1828, on pourrait alors mettre à leur
» disposition une grande salle contiguë à la Maison.
» Il informa en même temps le Conseil qu'une
» personne charitable, n'admettant pas que deux
» Frères pussent suffire à l'enseignement de deux
» cents élèves et de soixante autres qui se présen-
» taient encore, offrait les fonds nécessaires pour
» l'entretien de deux autres maîtres. Elle y mettait
» pour condition que la Ville continuerait d'entretenir
» trois Frères et se chargerait des frais d'augmen-
» tation du mobilier des classes et de l'achat de deux
» lits pour les nouveaux maîtres. » Le Conseil, en exprimant sa reconnaissance à l'auteur de cette libéralité, autorisa le maire à porter au budget la somme nécessaire à ces dépenses (*).

(*) Reg. des délibér. ap. JOURDAN : Ephém. histor., t. II, p. 235.

Malgré cet agrandissement, l'École de plus en plus prospère se trouvait encore à l'étroit.

C'est alors que le maire, M. Emmery, jeta les yeux sur la maison vacante de l'Oratoire.

Les Frères, au nombre de huit, y furent installés le 25 janvier 1844, et l'un de leurs premiers soins en y arrivant fut de créer les *Cours du soir*.

La nécessité de deux maîtres spéciaux se fit aussitôt sentir et leur traitement fut assuré au moyen d'une souscription provoquée par M. l'abbé Cholet, alors vicaire de la Cathédrale et aumônier des Ecoles chrétiennes, qui d'ailleurs avait été le plus ardent promoteur de la translation (*).

Ces cours du soir, commencés le 26 février, prirent un accroissement rapide, et l'on y compta au bout de quelques semaines près de 300 adultes.

Le digne aumônier ne se contenta pas de pourvoir à l'instruction élémentaire qui, à cette époque encore, faisait défaut à un grand nombre de jeunes gens, d'ouvriers et de soldats. A côté de ces cours furent ouvertes à la chapelle, durant l'Avent et le Carême, des conférences familières, destinées seulement aux hommes. Pendant plus de dix ans, l'abbé Courcelle, vicaire général, fut l'âme de ces réunions du soir. Sa parole ardente, facile, ses manières distinguées, son geste entraînant secondaient à merveille son cœur d'apôtre et lui gagnaient les sympathies de la classe

---

(*) Cholet, Paul-Etienne, né à La Rochelle le 26 décembre 1814, décédé le 5 mai 1867 chanoine théologal de la Cathédrale.

ouvrière, qui sentait en lui un ami sincère et un père compatissant. L'élite de la société rochelaise vint aussi mettre à profit ses enseignements et de nombreuses conversions ne tardèrent pas à récompenser les efforts et le zèle du vénérable prêtre. Souvent la chapelle des Frères fut le théâtre d'élans admirables de foi, et bien des témoins se rappellent encore avec émotion ces prédications du Jeudi et du Vendredi saints où 7 à 800 auditeurs, entraînés par un appel chaleureux, se levaient comme un seul homme pour venir à la Table sainte s'agenouiller devant la vraie Croix.

Ces conférences furent depuis continuées tantôt par M. l'abbé Massard, vicaire de la Cathédrale, dont l'éloquence a laissé de si vives impressions, tantôt par les prédicateurs de Stations, et en dernier lieu par M. l'abbé Cortet, alors vicaire général, depuis évêque de Troyes, qui devait à son tour trouver dans ce ministère les fruits les plus consolants pour son zèle évangélique (*).

Le cher Frère Albéron, de pieuse mémoire, qui avait succédé le 28 septembre 1840 au respectable Frère Mamertin, était devenu Directeur des Ecoles chrétiennes peu de temps après leur translation à l'Oratoire, et son activité infatigable favorisait avec intelligence les progrès de l'Œuvre sous toutes ses formes.

(*) Mgr Pierre-Louis-Marie Cortet, né à Château-Chinon (diocèse de Nevers) le 7 mars 1817, sacré évêque de Troyes dans la basilique de Paray-le-Monial le 30 novembre 1875.

C'est ainsi qu'il conçut la pensée de fonder, sous le titre de *Société des Apprentis et Ouvriers*, et sous la protection du saint nom de Jésus, une réunion de jeunes gens chrétiens auxquels des patrons religieux devaient servir de conseillers, de tuteurs et de modèles. Favorisée de suffrages éminents, encouragée par les nombreuses souscriptions de membres honoraires, vivifiée par l'esprit chrétien et par l'éclat de fêtes spéciales, cette Société n'a pas cessé, malgré d'inévitables vicissitudes, de produire d'heureux résultats. Parmi ses conseillers les plus dévoués il nous sera permis de citer le nom bien connu d'un avocat distingué, M. Avril de la Vergnée, dont les rapports ont si souvent intéressé les Assemblées générales. Pour occuper les loisirs de la jeunesse, le Frère Albéron créait en même temps une Bibliothèque populaire, organisait des délassements variés et fondait une Fanfare qui prêtait son concours aux solennités de la chapelle.

Presqu'en même temps, l'Association de l'Adoration nocturne du T. S. Sacrement, qui eut pour premier berceau la chapelle de l'Evêché et M. l'abbé Courcelle pour son premier apôtre, transférait dans le sanctuaire de Sainte-Marguerite ses réunions mensuelles et ses saintes veilles. Les membres de cette Société à qui Mgr Thomas (*), dès son arrivée à La Rochelle, avait décerné le nom glorieux de *Gardes-du-Corps* de Jésus-Christ, sont demeurés

---

(*) Mgr Léon-Benoît-Charles Thomas, né à Paray-le-Monial le 29 mai 1826, sacré évêque de La Rochelle le 15 mai 1867.

fidèles à leur titre, et la veille encore de la fermeture de leur regrettée chapelle, ils étaient là au rendez-vous d'adieu.

Devant les progrès croissants de la nouvelle École chrétienne, le Conseil municipal de la ville, s'inspirant d'une pensée vraiment libérale, songea à consacrer son existence par l'acquisition des bâtiments de l'Oratoire, devenus propriété du Département. Le Conseil général, saisi de ces intentions, émit un vœu conforme dans sa séance du 30 août 1849. Cette délibération fut suivie de près d'un décret d'autorisation de vente, signé à Cherbourg par le Président de la République le 7 septembre. Peu de mois après, dans le but de faciliter cet achat à la Ville et de prouver l'intérêt qu'il attachait à cette œuvre populaire, Mgr Clément Villecourt (*), alors évêque de La Rochelle, faisait donation à la commune représentée par son digne maire, M. Adolphe Beaussant, d'une somme de 20,000 fr. à valoir sur le prix total de 45,000. Le contrat signé par les parties, le 28 décembre 1850, en l'étude de Me Morin, notaire à La Rochelle, portait entr'autres clauses que « ladite somme de 20,000 fr. serait remboursée au donateur, si la Ville, par son fait, enlève aux Frères de la Doctrine chrétienne la direction de l'École communale placée dans les bâtiments de l'Oratoire ». Il ressort clairement du

---

(*) Mgr Clément Villecourt, né à Lyon le 9 octobre 1786, sacré évêque de La Rochelle le 13 mars 1836, créé cardinal du titre de saint Pancrace le 17 décembre 1854, et décédé à Rome le 17 janvier 1867, à l'âge de 80 ans.

contexte de l'acte que ce remboursement devait également s'appliquer aux successeurs de Mgr Villecourt sur le siège épiscopal de La Rochelle, et, dans ces derniers temps, le Conseil municipal, mis en demeure d'exécuter cette condition, a dû se rallier à cette interprétation naturelle, après une hésitation mal fondée. Ce même jour, 28 décembre, la Ville réalisait l'acquisition déjà autorisée, suivant acte passé dans la même étude.

Sous le patronage commun des autorités ecclésiastiques et civiles, les Écoles des Frères virent grandir chaque année leur prospérité avec la confiance des familles et les succès des élèves. L'habile direction du Frère Albéron ne cessa de lui concilier la haute estime des magistrats aussi bien que le dévouement de la population. Aux classes primaires, s'était ajoutée depuis peu la Maîtrise ou Psallette de la Cathédrale : là, se formaient les jeunes enfants destinés à prêter leur concours aux chants et aux cérémonies de l'office divin ; là aussi, nombre d'entre eux se préparaient par l'étude du latin et sous une sage discipline à entrer plus tard aux petits séminaires du diocèse. Près de trente prêtres se souviennent avec bonheur des paisibles années de leur enfance qui s'écoulèrent dans ce pieux asile.

De temps à autre, l'éclat de quelque grande solennité se détachait sur le fond habituel de la vie scolaire. A l'époque du Concile de la province de Bordeaux, tenu à La Rochelle en 1853 sous la présidence du Métropolitain, le cardinal Donnet, on s'empressa de profiter de la présence des Évêques pour faire bénir les deux nouvelles cloches destinées à la chapelle Sainte-Marguerite (30 juillet).

La première (*Marie-Laure*) eut pour parrain un magistrat aussi distingué par sa piété que par son nom : M. Henri des Sales (*) ; pour marraine, Maria-Laure, vicomtesse de Montbron. Le parrain de la seconde (*Louise-Laure*) était M. Dubois, notaire, et la marraine, Mme Louise-Laure Pros. La consécration de ces cloches fut faite avec beaucoup de solennité, devant une nombreuse assistance, par Mgr Pie, évêque de Poitiers. A cette occasion, le prélat fit entendre une gracieuse allocution que nous retrouvons dans l'historique du concile. Aujourd'hui, hélas! le clocher est muet, et les cloches, tristement descendues à terre, attendent que des mains généreuses viennent les relever et leur rendre ces sons joyeux qui, aux jours de nos fêtes, se mêlaient aux graves sonneries des églises paroissiales. Sur ce même clocher, nos yeux ne cherchent-ils pas aussi la statue de la Vierge immaculée, qui, au moment de la proclamation dogmatique (1854), y avait été placée comme sur un piédestal d'honneur, en témoignage de foi et de vénération filiale ? Sa présence a offusqué les regards

---

(*) Il appartenait à la famille de saint François de Sales. Ne serait-ce pas l'occasion de rapporter ici comme un rapprochement assez curieux le vœu que le pieux évêque exilé de son siège faisait entendre un jour : « Pleust à Dieu que la religion catholique eust autant à Genève qu'il y en a à La Rochelle, et que nous y eussions, comme là, une petite chapelle. » (*Esprit de saint François de Sales*, par J.-P. CAMUS, chap. 7, § 2). Allusion évidente au sanctuaire Sainte-Marguerite.

des patrons de l'enseignement laïque, et le Maire de La Rochelle, après avoir vainement demandé au Directeur des Frères de la faire enlever, n'a pas craint de confier cette besogne aux ouvriers de la municipalité.

Il y avait déjà onze ans que le cher Frère Albéron se dévouait à l'enseignement de l'enfance et au bien de la jeunesse, quand une fin prématurée vint briser trop tôt son existence. Il succombait, à peine âgé de 50 ans, aux suites d'une maladie longue et douloureuse, qualifiée de *squirrhe au pylore*. C'est parmi ses confrères et ses nombreux amis qu'il rendit sa belle âme à Dieu dans la fête même de Noël 1857, comme si le divin Enfant de Bethléem avait choisi ce jour-là pour récompenser le fidèle ami de l'enfance, et donner la *paix* éternelle à celui qui fut si bien un *homme de bonne volonté*.

La ville entière prit le deuil, et les obsèques, qui eurent lieu le surlendemain, au milieu d'un immense concours de toutes les classes, surtout des Sociétés ouvrières, revêtirent le caractère d'un véritable triomphe pour le cher défunt et l'Institut des Frères.

Mgr Landriot (*), nouvellement appelé au siège épiscopal de La Rochelle, avait eu le temps néanmoins d'apprécier les hautes qualités du regretté Directeur, et, peu de jours après sa mort, le Prélat

---

(*) Mgr Jean-François Landriot, né à Couches-les-Mines (diocèse d'Autun) le 9 janvier 1816, sacré évêque de La Rochelle le 20 juillet 1856, nommé à l'archevêché de Reims par décret du 30 décembre 1866, décédé le 8 juin 1874, à l'âge de 59 ans.

écrivait ces quelques mots au Très-Honoré Frère Philippe, alors Supérieur général : « Le Frère Albéron est mort dans les meilleurs et les plus pieux sentiments ; les regrets de toute la ville, l'attitude de la foule qui a suivi son convoi, font son plus bel éloge. »

Les journaux de La Rochelle ne manquèrent pas de s'associer à ces témoignages unanimes. Nous regrettons de ne pouvoir insérer ici, en raison de sa longueur, le récit qu'ils en tracèrent et que nous retrouvons dans les *Relations mortuaires* de l'Institut.

Le cher Frère Popel succéda dans la direction des Écoles chrétiennes au Frère Albéron, dont il s'attacha à maintenir les traditions jusqu'en l'année 1864. A cette époque il fut appelé à la direction du Noviciat de la province de Nantes, qu'il ne cessa d'édifier par les vertus d'un bon religieux. C'est là qu'il est décédé il y a deux ans seulement.

Le cher Frère Climène, qui avait fait apprécier son mérite comme directeur des Écoles à Saint-Jean-d'Angély, fut à son tour, le 30 septembre 1864, placé à la tête de l'établissement de La Rochelle, qu'il gouverne encore aujourd'hui. Il ne nous est pas permis de faire ici son éloge, et nous laissons à d'autres le soin de dire si, au milieu de circonstances moins favorables à la prospérité de l'École, sa sagesse et sa bienveillance ont su fidèlement garder l'héritage légué par ses devanciers.

On nous reprocherait assurément de passer sous silence le concours que prêta à l'Œuvre des Frères le zèle d'un prêtre vénérable par ses vertus autant que par ses années. Nous voulons parler de M. l'abbé Favreau, chanoine, aumônier de la Maison. Il avait été autrefois le disciple du Vénérable Baudouin avec les Soullard, les Augereau, les Lacurie et tant d'autres dignes prêtres. 55 ans plus tard, il remontait à l'autel du *Dieu de sa jeunesse* pour y célébrer ses *Noces d'or* solennelles, en présence de son Évêque, de ses confrères et de ses enfants joyeux. En retour, il a eu, hélas ! la triste consolation d'offrir, l'un des derniers, le saint sacrifice à ce même autel, au moment où la fermeture de la chapelle mettait fin à la célébration des saints mystères ; et nous savons avec quelle émotion douloureuse le respectable aumônier, plus qu'octogénaire, a dit adieu au sanctuaire de Sainte-Marguerite. La Maison ne saurait oublier non plus les services dévoués que M. l'abbé Doussin, son fidèle auxiliaire, a rendus, pendant dix ans, aux enfants des écoles et de la Psallette.

Durant la guerre désastreuse de 1870, alors que les hôpitaux de la ville étaient déjà encombrés par la multitude des malades et des blessés militaires, la Maison des Frères dut être transformée pendant 6 mois en ambulance, et les classes reçurent par centaines nos pauvres soldats atteints de la variole ou de la fièvre typhoïde. Est-il besoin de dire qu'en présence du danger, les aumôniers, les Sœurs gardes-malades de l'Espérance, les médecins et les bons Frères, tous remplirent généreusement leur devoir ?

Le Comité de secours chargea plus tard M. Charles Fournier, ancien maire de la ville, de remettre au cher Frère Climène une *Médaille d'honneur*, en souvenir des soins charitables prodigués à la souffrance. Pendant ce temps, les écoliers des Frères furent envoyés dans un des bâtiments du Lycée, jusqu'à ce que l'Oratoire, purifié et assaini, pût reprendre sa destination.

Les années qui suivirent laissent peu de souvenirs dignes d'intérêt à recueillir dans l'histoire de la Chapelle et de l'École chrétienne. L'enseignement demeure fidèle à ses traditions et soutient avec avantage une pacifique concurrence contre l'école laïque qui vient d'être élevée à grands frais dans la rue des Fonderies par le Conseil municipal. Les faveurs administratives paraissent dès ce moment se porter vers cette dernière École ; toutefois les rapports des inspecteurs et des délégués de l'Instruction publique continuent à donner des éloges mérités aux efforts des bons Frères.

Les vrais fidèles leur ménageaient une preuve éclatante de sympathie en accourant en foule l'année dernière, le 24 juin, fête de saint Jean-Baptiste, à la célébration du deux-centième anniversaire de la fondation de leur Institut.

Le *Bulletin religieux*, en racontant les détails de cette grande solennité, a résumé le panégyrique du Vén. de la Salle qui fut prononcé devant Mgr l'Évêque par M. l'abbé Tapie. L'orateur était alors aumônier du couvent de la Providence à Rochefort et ne pouvait guère se douter que, l'année suivante, il aurait à succéder au respectable abbé Baudrit, curé de Notre-Dame de La Rochelle, et à saluer dans cette église l'ouverture de l'École libre élevée sur sa paroisse.

A cette époque, leur existence communale ne semblait pas encore sérieusement menacée. Le vent du *laïcisme*, puisqu'il faut se servir de ce mot étrange, soufflait, il est vrai, de tous côtés et, parti des régions supérieures, semblait vouloir se répandre jusqu'au bout de la France. Au sein des Chambres, des projets de loi audacieux tendaient à faire disparaitre des Écoles l'ombre même des habitudes religieuses avec l'image du Sauveur Jésus. On sait avec quelle ardeur l'enseignement chrétien fut défendu par nos grands orateurs catholiques et par les vrais amis de la liberté (*); on sait aussi au prix de quelles luttes ils purent faire ajourner le projet qui aurait pour jamais banni de nos Écoles jusqu'au nom même de Dieu.

Le Conseil municipal de La Rochelle, qui avait semblé un instant rester en arrière de ce mouvement irréligieux, s'y laissa à son tour entraîner. Quelques membres de ce Conseil, nouveaux venus, organisèrent une pétition dans le but de substituer l'instruction laïque à l'enseignement congréganiste et de retirer en conséquence le titre communal à l'École de l'Oratoire. Cette pétition colportée par leurs agents dans les coins les plus obscurs de la cité, eut grand'peine à recruter, après deux longs mois, 484 signatures plus

---

(*) Il suffit de rappeler les éloquents discours prononcés au Sénat par MM. Chesnelong, de Broglie, Dufaure, Jules Simon, Laboulaye, etc... ; à la Chambre des députés, par Mgr Freppel, évêque d'Angers, MM. Keller, de La Bassetière, etc...

ou moins avouables. Présentée au Conseil municipal dans la séance du 25 octobre 1880, elle fut l'occasion d'une longue discussion. On feignit pourtant de voir en cette infime minorité un vœu populaire qui s'imposait, et le Conseil décida *en principe* la transformation de l'École des Frères en établissement laïque, ajournant toutefois l'exécution de cette mesure à la rentrée suivante des classes. Un seul conseiller, M. Bironneau, aujourd'hui maire de Fouras, eut le courage de voter le maintien de l'École chrétienne. M. Eugène Dor, maire de la ville, avait jusqu'ici fait preuve d'un bienveillant intérêt pour les Frères et leur avait prodigué l'année précédente (6 août 1879) des éloges mérités, à l'occasion de la distribution des prix.

« La Rochelle, disait-il alors, est une ville vérita-
» blement libérale, respectant les convictions sincères
» de toutes les familles... Nous savons que depuis
» soixante ans l'instruction primaire est donnée dans
» notre ville par les Frères de la Doctrine chrétienne
» à une portion considérable de nos enfants, nous
» n'avons eu qu'à nous féliciter de leurs efforts et de
» leur dévouement ; *qu'ils restent convaincus du*
» *concours qu'ils trouveront auprès de nous.* Nous
» ne leur demandons que l'accomplissement de leurs
» propres désirs : élever nos enfants dans l'amour de
» Dieu, dans l'amour du travail, dans le respect de
» la famille, dans l'idée de tous les sacrifices pour le
» bien de la cité et de notre patrie. »

Pourquoi faut-il que la faiblesse ait fait oublier à ce magistrat les louanges et les promesses de la veille !!!

La décision si imprévue du 25 octobre jeta la consternation dans une ville où le nom des Frères avait gardé une popularité incontestable; elle ne tarda pas à leur donner une preuve éclatante de sympathie et de fidélité.

Une contre-pétition aussi juste que modérée se signa de toutes parts pour réclamer le maintien de l'École chrétienne. Nous tenons à citer ce document qui appartient à l'histoire locale. En voici le texte :

Les soussignés, électeurs rochelais :

En présence de la délibération du Conseil municipal, en date du 25 octobre, relative au renvoi des Frères de la Doctrine chrétienne et à la laïcisation de l'École communale primaire de la rue Dauphine ;

Considérant :

Qu'aucun fait répréhensible, ni même regrettable, n'a pu être imputé aux Frères dans l'exercice de leurs fonctions d'instituteurs ;

Que la pétition demandant leur renvoi et accueillie par le Conseil municipal n'a pu réunir, en deux mois, cinq cents signatures, et ne présente pas, véritablement, l'opinion générale de la cité ;

Que le seul fait que plus de deux cents pères de famille envoient trois cents enfants à l'École des Frères, prouve que le dévouement de ces modestes instituteurs est apprécié de la population rochelaise ; que depuis soixante ans que les Frères dirigent leur École, ils ont reçu dans cet établissement plus de 22,000 enfants ; qu'il y a donc place, à côté de l'école laïque, pour une école congréganiste, dans une ville qui s'est toujours distinguée par ses opinions modérées, libérales et tolérantes ;

Qu'au point de vue des principes, la tradition libérale a toujours reconnu au père de famille le droit inviolable de confier l'éducation de ses enfants aux maîtres de son choix ; que, par suite, l'opinion catholique fût-elle en minorité, ce qui n'est pas, il serait encore du devoir de l'administration municipale de conserver une école congréganiste primaire ; que même ce devoir s'imposerait d'autant plus qu'à La Rochelle l'instruction primaire est gratuite ;

Qu'il a été enfin reconnu, au sein même du Conseil municipal, que le changement de l'école congréganiste en école laïque et son appropriation à un nouveau service nécessiterait des frais élevés et des dépenses auxquelles le budget municipal ne pourrait faire face que par de nouvelles impositions demandées aux contribuables ;

Estimant que la religion du Conseil a été surprise :

Le supplient instamment de revenir sur sa délibération du 25 octobre et de laisser les Frères de la Doctrine chrétienne à la tête de leur école.

En huit jours cette pétition réunissait 1,315 signatures d'électeurs ; elle était remise au Maire par le Comité spécial que présidait M. de Fleuriau.

On croyait pouvoir compter sur un acte de justice et sur le respect du droit des majorités, on ne trouva, hélas ! que la faiblesse, la peur et le parti-pris ! L'École des Frères, honorée, soutenue par les administrations précédentes, était définitivement sacrifiée par le Conseil municipal de 1881 ! Notification de cette mesure fut adressée le 30 juin au Directeur des Frères par le Maire de la ville. Pouvait-on s'attendre quelques semaines après à voir ce même magistrat assister à la distribution des écoles condamnées et signifier, d'une voix embarrassée, il est vrai, la sentence du départ accueillie par le cri énergique de *Vivent les Frères !* (*)

(*) V. *l'Écho rochelais* du 6 août 1881.

La transformation de la maison de l'Oratoire allait entraîner bientôt la fermeture du sanctuaire de Sainte-Marguerite et briser encore une fois la chaîne de ses traditions séculaires. Le temps des vacances qui suivirent fut employé (nous l'avons dit en commençant) aux douloureux préparatifs de la sortie ; et bientôt les chants sacrés s'éteignirent, les cloches devinrent muettes, les murailles furent dépouillées et les anges de l'autel, en présence du tabernacle vide, n'eurent plus qu'à se répéter entre eux, comme autrefois les anges du temple profané de Jérusalem : Sortons d'ici ! sortons d'ici !... Le lecteur nous permettra bien ce cri du cœur, à nous, humble prêtre, qui aimions à rattacher à ce sanctuaire le souvenir précieux des émotions d'une *première Messe*, au jour à jamais béni du 21 mai 1864.

Cependant l'enfance chrétienne n'allait pas rester sans asile. Repoussés dans leurs justes revendications, les catholiques rochelais pour n'être pas pris au dépourvu s'étaient mis résolûment à l'œuvre. Sous l'ardente impulsion de Mgr Thomas, leur évêque, à qui déjà le diocèse devait tant d'autres établissements d'instruction, on les vit fonder rapidement par de généreux sacrifices trois Écoles libres en différents quartiers de la ville. Nous regrettons de n'être pas suffisamment autorisé à citer ici les noms des principaux bienfaiteurs ; mais sans parler de la récompense promise à ceux qui recueillent les petits enfants au nom du Sauveur Jésus, la reconnaissance des familles saura suppléer à notre silence et proclamera bien haut le service rendu par eux aux classes populaires.

La principale de ces écoles gratuites et chrétiennes, celle de *Notre-Dame*, allait occuper le local transformé et rajeuni que les Petites-Sœurs-des-Pauvres venaient de quitter rue d'Orbigny pour leur bel établissement de Tasdon. Classes neuves parfaitement aérées, vastes cours, préau avec gymnase, rien n'y manquait pour satisfaire aux exigences des règlements scolaires et donner aux parents toutes les garanties désirables. La chapelle de la maison qui venait de recueillir en partie le mobilier sacré de l'Oratoire, devait encore continuer pour les enfants les pieuses traditions du sanctuaire abandonné.

La seconde école, sous le patronage de saint Joseph, était bâtie à l'ombre du grand Séminaire, rue Delayant, sur le terrain cédé par M. l'abbé Person, chanoine honoraire. Elle était destinée spécialement aux jeunes élèves de la Psallette et aux enfants dont les familles tenaient à donner une rétribution scolaire.

Quant à la troisième, celle de Saint-Nicolas, à l'heure même où nous écrivons, elle est sur le point de s'achever, grâce à des dons exceptionnels. Gratuite comme la première et placée tout à la fois au centre de cette paroisse et à proximité du faubourg populeux de Tasdon, cette nouvelle création ne tardera pas sans doute à être appréciée et à devenir prospère.

La rentrée des classes, indiquée pour le 3 octobre, allait montrer aux bienfaiteurs que leurs efforts et leurs sacrifices répondaient aux vœux les plus légitimes de la population. Une fois de plus nous avons eu la preuve qu'il existe encore à La Rochelle un grand nombre de familles soucieuses de placer à l'ombre de la Croix la première éducation de leurs enfants et de donner à leur instruction cette base essentielle, la Religion, sans laquelle la science humaine devient plutôt un danger qu'un avantage, selon la pensée de M. Guizot lui-même.

Dès les premiers jours, plus de 200 élèves se pressaient dans la principale école. Par contre, les *classes laïques* de l'Oratoire voyaient à peine arriver une trentaine d'enfants dont plusieurs appartenaient à des familles craintives d'employés de la Ville. C'était là tout le résultat obtenu en dépit de la pression administrative et des intimidations directes ou détournées.

En présence des lourdes charges que la transformation de l'Oratoire devait imposer au budget municipal, les contribuables n'avaient-ils pas le droit de se demander si la vaste école de la rue des Fonderies, qui venait d'en perdre davantage, ne pouvait pas suffire à garder ce faible contingent d'élèves?

Le *Courrier de La Rochelle*, qui avait mené la campagne contre les Frères, pouvait regretter à cette heure ses téméraires prédictions. Avant de chanter victoire et d'annoncer que nos classes seraient vides et délaissées, il eut été plus prudent d'attendre le résultat de la rentrée scolaire. Ce succès n'a pas été seulement une victoire pour la cause religieuse, mais aussi la consécration d'une généreuse entreprise.

La journée du dimanche suivant, choisie pour l'inauguration solennelle des Écoles libres, leur réservait un triomphe non moins éclatant. Son récit servira d'épilogue à notre travail historique.

ÉPILOGUE.

Dans la matinée, à 9 heures, la Messe du Saint-Esprit réunissait dans l'église Notre-Dame les enfants des Frères, auxquels s'étaient jointes les classes des Sœurs de Saint-Vincent-de-Paul.

Le saint sacrifice fut offert par M. l'abbé Grasilier, vicaire général, heureux en cette occasion de se souvenir qu'il fut autrefois, lui aussi, l'élève des bons Frères. M. l'abbé Tapie, nouveau curé de Notre-Dame, commenta à son jeune auditoire, après l'évangile, les belles strophes du *Veni Creator*, qui venait de s'achever, et fit ses souhaits de bienvenue à l'École naissante.

Mais l'intérêt principal de la journée était dans la cérémonie du soir.

Nous laissons parler ici le *Bulletin religieux*, du 15 octobre :

« Mgr l'Évêque devait bénir solennellement la nouvelle École de la rue d'Orbigny. Certes, si tous les témoignages d'estime et de sympathie que les bons Frères ont recueillis depuis quelques mois n'ont pas suffi à dessiller les yeux de leurs ennemis, si les tenants de l'instruction laïque ont persisté jusqu'à ce jour à soutenir que l'opinion publique s'était prononcée en leur faveur, comment pourraient-ils, après la manifestation dont cette dernière cérémonie a été l'occasion, afficher encore de telles prétentions ? Une foule, ouvertement sympathique, que les calculs les plus modérés évaluent à deux mille personnes, se pressait dans la cour, dans les salles, et jusque dans les plus petits recoins de la maison. Les riches et les pauvres, les notabilités et les ouvriers étaient confondus dans cette multitude. On remarquait au premier rang le clergé de la ville et plusieurs ecclésiastiques des communes voisines ; puis, à quelques pas, les élèves de l'École Fénelon et les membres de la Société des Apprentis, qui avaient voulu donner à leurs jeunes frères une marque publique de leur sympathie. Mais l'attention était particulièrement attirée par une députation de vieillards des Petites-Sœurs-des-Pauvres, qui semblait placée là tout exprès pour relier l'avenir au passé. La plupart de ces bons vieillards n'avaient sans doute pas revu leur ancien asile depuis leur installation dans le palais que la charité publique leur a élevé au faubourg de Tasdon. Quelle transformation ! La nouvelle École est magnifiquement parée pour la circonstance. Les murs, encore tout éclatants de blancheur, sont ornés de draperies et de tentures ; des oriflammes de diverses couleurs flottent à toutes les fenêtres. Sous le préau de la cour, se dresse un charmant reposoir, car Monseigneur n'a pas voulu que cette fête de sa jeune famille se terminât sans une bénédiction spéciale du Dieu de l'Eucharistie pour ses petits privilégiés, pour leurs parents et pour leurs protecteurs. A 4 heures 1/2, le Prélat, revêtu des ornements pontificaux, pénètre dans la cour et va prendre place sur les degrés de l'estrade. Aussitôt un jeune enfant s'avance, et, au nom de ses condisciples, exprime les sentiments de reconnaissance qui sont dans tous les cœurs :

Monseigneur,

Dans le saint Évangile que nous apprennent si bien nos bons Frères, nous avons lu plus d'une fois que les enfants de Jérusalem se pressaient sur les pas de Jésus au jour des Rameaux, faisant retentir les airs de leurs cris joyeux d'amour et d'admiration : « Béni soit celui qui vient au nom du Seigneur ! »

Leur cri est aussi le nôtre, Monseigneur, dans ce beau jour qui est un triomphe pour Jésus, pour l'Église et pour vous-même.

Ici du moins nous n'entendons pas de voix importunes qui essaient d'arrêter notre élan et de réprimer nos cantiques. Et s'il s'en trouvait une seule dans cette foule émue et sympathique, est-ce que le divin Sauveur, qui va tout-à-l'heure sortir de son tabernacle, ne pourrait pas redire ces paroles : « Laissez parler ces enfants, car, s'ils se taisaient, les pierres elles-mêmes élèveraient la voix ! »

Oui, Monseigneur, ces pierres nouvelles que vous allez bénir nous diraient la sollicitude généreuse que vous avez déployée pour nous donner un asile, à nous, enfants du peuple, quand nous perdions cette maison si regrettée de l'Oratoire où nos pères passèrent avant nous.

Cette École de Notre-Dame, Monseigneur, commencée sous vos auspices et placée sous votre patronage, tiendra à honneur de justifier vos espérances et les sacrifices de nos bienfaiteurs.

Après avoir été le refuge des bons vieillards, consolés par les Petites-Sœurs, elle devient par vos soins le berceau de notre éducation chrétienne, comme on voit dans l'année les fleurs du printemps succéder aux glaces de l'hiver.

Soyez-en béni encore au nom de nos familles, au nom de mes condisciples; je suis ici leur interprète, et je suis sûr de trouver un écho parmi eux en criant :

Vive Monseigneur !

» Le jeune orateur ne se trompait pas. Un cri de *Vive Monseigneur !* s'échappe de toutes les poitrines; puis un profond silence s'établit aussitôt, car Sa

Grandeur va prendre la parole. Combien nous regrettons de ne pouvoir donner ici le texte même de cet admirable discours, qui a tenu comme suspendu aux lèvres de l'éloquent Prélat son immense auditoire, et qui a réveillé dans toutes les âmes de généreux élans pour la défense du droit et de la justice ! Après avoir établi le droit des pères de famille de choisir les instituteurs de leurs enfants, droit inviolable et dont nulle puissance humaine ne peut les dépouiller, Monseigneur énumère toutes les garanties que présente l'enseignement des Frères. Il rappelle leur dévouement inépuisable, leurs vertus modestes, la perfection de leurs méthodes, les succès qu'ils ont obtenus à La Rochelle depuis soixante ans. Les Frères ont pu rencontrer des émules qui les égalent, mais des rivaux qui les surpassent, jamais ! Puis avec une modération de langage, qui trahit la charité d'un Père, il met en opposition ces Écoles, justement flétries du nom d'Écoles *sans Dieu*, où le regard attristé ne rencontre plus la Croix, le plus sacré de nos emblèmes, ni l'image de Celle que nous aimons à saluer du titre de Mère de Dieu. Il conjure les magistrats de la cité de ne pas permettre que de telles écoles s'établissent à La Rochelle. Il les en conjure au nom de l'Église et de la France, au nom de ces enfants qui méritent tous nos respects, depuis que Notre-Seigneur a laissé tomber sur eux ces divines paroles : parole d'affection : *Laissez venir à moi les petits enfants;* parole de louange: *Le royaume des Cieux est à ceux qui leur ressemblent;* parole de protection : *Malheur à celui qui scandali-*

sera un seul de ces petits qui croient en moi ! Permettre cet attentat, ce serait lui causer la plus amère des tristesses ; car le Dieu qui a béni l'enfance a mis pour elle au cœur de ses Évêques tout l'amour d'un père ; ce n'est pas assez dire, il y a mis toute la tendresse d'une mère. « Oui, s'écrie en terminant le vénéré Prélat, ces enfants, je les aime ! Je les aime pour leur bonheur et pour celui de leurs familles ! Je les aime pour l'Église et pour la Patrie ! Je les aime pour le Ciel et pour Dieu ! »

» Telle a été l'impression produite par cette éloquente allocution que l'assistance, oubliant le caractère religieux de la cérémonie, a éclaté en applaudissements. Monseigneur procède alors à la bénédiction des nouveaux bâtiments et parcourt les différentes salles pendant que les enfants des Frères chantent le psaume : *Nisi Dominus ædificaverit domum.* Puis la cérémonie se termine par la bénédiction solennelle du très saint Sacrement. »

Cette journée a laissé parmi les assistants, nous le savons, une profonde impression de joie et de confiance qui s'est répandue dans la ville tout entière.

Puisse cet heureux souvenir planer longtemps sur le nouveau berceau de l'enfance rochelaise et servir de gage à la prospérité des Écoles libres et chrétiennes !

Daigne aussi la sainte Patronne de cette vieille église Sainte-Marguerite, dont nous venons d'esquisser l'histoire, reporter sur ces nouveaux asiles sa douce protection !

C'est le vœu que nous déposons à ses pieds en terminant ce travail où nous avons essayé de faire revivre les souvenirs du passé. Les vicissitudes de ce lieu béni nous ont appris à espérer un meilleur lendemain, et nous aimons à penser que la chaîne de ses traditions séculaires, interrompues à cette heure, ne sera pas brisée pour toujours !

ADIEU DES ÉLÈVES DES FRÈRES

A LEUR CHAPELLE SAINTE-MARGUERITE.

Adieu, sainte chapelle ;
Retiens le dernier chant
Qu'à ton écho fidèle
Nous laissons en partant.

I

Adieu, cher sanctuaire,
Témoin de mon bonheur,
Asile séculaire
Des autels du Seigneur :
Aux aïeux catholiques
Tu servis de berceau ;
Ah ! de nos droits antiques
Serais-tu le tombeau ?

II

Ici priaient nos pères
A l'ombre de la Croix ;
A la voix des bons Frères
Ils unissaient leur voix.
Quand la sainte parole
Résonnait en leur cœur,
Le beau chant du Symbole
Ranimait leur ardeur.

III

Comme eux, aux jours de fêtes,
J'aimais l'airain pieux
Balançant sur nos têtes
Ses carillons joyeux.
Alors à la prière
Du seuil de son foyer,
Le regard de ma mère
Dirigeait l'écolier.

IV

Doux nid de mon jeune âge,
Verras-tu mon retour ?
Après le sombre orage,
Quand luira ce beau jour ?
Adieu, sainte chapelle,
Mais plutôt : Au revoir !
Car ton enfant fidèle
N'a pas perdu l'espoir.

TABLE DES MATIÈRES.

		PAGES.
I.	Depuis sa fondation par les Chanoinesses de Prémontré (1137 à 1568).	7
II.	Destruction des écoles et des couvents de La Rochelle. — Sainte-Marguerite, seule épargnée, reçoit la visite de l'Évêque de Saintes (1568 à 1585).	9
III.	Le culte catholique est interdit à La Rochelle (1585 à 1599).	12
IV.	Édit de Nantes (1598). — Rétablissement du culte à Sainte-Marguerite (1599 à 1604)	13
V.	Jacques Gastaud établit les Prêtres de l'Oratoire à l'église restaurée de Sainte-Marguerite (1604 à 1628).	18
VI.	Entrée triomphale de Louis XIII à La Rochelle (1628). — La Commémoration des trépassés. — La Procession du Saint-Sacrement	25
VII.	L'Oratoire, de 1528 à 1792. — Le P. Jaillot et le P. Arcère	33

	PAGES.
VIII. La chapelle Sainte-Marguerite profanée (1792 à 1811)	39
IX. L'Oratoire devenu Grand-Séminaire (1812 à 1838). Le Vén. Baudouin. — Mgr Perrocheau. — M. Gaboreau, etc.	40
X. Depuis l'établissement des Frères jusqu'à nos jours. — M. Courcelle. — M. Cholet. — Le Frère Albéron	48
Épilogue : Inauguration des nouvelles Écoles chrétiennes	67
Adieu des élèves des Frères à leur chapelle Sainte-Marguerite	73

Imp. P. Dubois et L. Mehaignery.

www.ingramcontent.com/pod-product-compliance
Lightning Source LLC
LaVergne TN
LVHW051501090426
835512LV00010B/2272